广西壮族自治区

教育·科技·人才
三位一体
融合发展研究与探索

陆桂军　许桂霞　著

GUANGXI NORMAL UNIVERSITY PRESS
广西师范大学出版社
·桂林·

教育•科技•人才三位一体融合发展研究与探索
JIAOYU KEJI RENCAI SANWEIYITI RONGHEFAZHANYANJIU YU TANSUO

图书在版编目（CIP）数据

教育·科技·人才三位一体融合发展研究与探索 / 陆桂军，许桂霞著. -- 桂林 ：广西师范大学出版社，2025. 5. --(广西壮族自治区科学技术情报研究所智库丛书) . -- ISBN 978-7-5598-7683-6

Ⅰ. C964.2

中国国家版本馆 CIP 数据核字第 2024BJ9764 号

广西师范大学出版社出版发行
（广西桂林市五里店路 9 号　邮政编码：541004
网址：http://www.bbtpress.com）
出版人：黄轩庄
全国新华书店经销
广西广大印务有限责任公司印刷
（桂林市临桂区秧塘工业园西城大道北侧广西师范大学出版社集团有限公司创意产业园内　邮政编码：541199）
开本：787 mm × 1 092 mm　1/16
印张：14.5　　字数：292 千
2025 年 5 月第 1 版　　2025 年 5 月第 1 次印刷
定价：168. 00 元

前 言

教育孕育未来，科技彰显实力，人才引领发展。党的二十大报告指出："教育、科技、人才是全面建设社会主义现代化国家的基础性、战略性支撑。"首次对教育、科技、人才进行统筹部署。党的二十届三中全会提出"统筹推进教育科技人才体制机制一体改革""构建支持全面创新体制机制"，充分彰显了党中央对科教工作的期待之切和谋划之远。当前广西的科教工作与发达地区相比还有较大差距，面临着既要"赶"又要"转"的困境。越是欠发达地区，越需要教育科技人才"三位一体"统筹推进，这是解决广西教育、科技和人才资源匮乏，跨过爬坡之坎，闯过攻坚之隘的必由之路。正是在这样的背景下，广西着力谋划更高层面创新突破，率先成立全国首个教育科技人才综合改革专项小组，下定决心、下大力气破除束缚三者发展的深层次体制机制障碍。然而，教育、科技、人才一体化发展是一场史无前例、勇闯"深水区"的改革探索。如何以改革重塑教育、科技、人才一体发展的新格局，形成推动高质量发展的倍增效应？需要从逻辑贯通、政策统筹、堵点打通、要素畅通等方面作出强有力的时代回应。

本书以广西壮族自治区科学技术厅下达的2023年广西科技智库建设课题“广西统筹推进教育科技人才‘三位一体’发展研究”（课题合同编号：桂科Y23042007）为依托。不谋全局者，不足谋一域。本书站在统筹战略全局的角度构建教育、科技、人才研究的大视角、大格局，强化教育科技人才“三位一体”的体系贯通、职能整合和流程再造，拓展了对创新驱动发展战略、科教兴桂战略、人才强桂战略有效联动规律的认识，视角独特，具有重要的启发和借鉴意义。本书综合吸收教育学、科学学与科技管理、统筹学、系统学的理论知识，对教育科技人才“三位一体”发展进行了跨学科综合性研究，率先在广西乃至全国构建了可量化、可操作的广西教育、科技、人才的耦合协调度模型和指标体系，深入分析了2011～2021年广西教育、科技、人才耦合协调发展水平。主要内容分理论分析篇、现状与问题剖析篇、重点领域探索与实践篇、案例与经验启示篇、对策建议篇，对广西统筹推进教育科技人才“三位一体”发展开展研究，深入分析广西教育、科技、人才融合发展的现状、主要举措及存在的堵点问题，聚焦产业、教育、智库融合发展这一重点领域开展理论实践探索，因时因地因需提出切合广西实际、具有广西特色的具体路径，为广西教育科技人才体制机制一体改革提供系统全面的决策支撑。

蓝图已绘就，奋进正当时。展望未来，教育体系重构、科技创新突破与人才生态培育将为新时代壮美广西建设提供最重要的动力、最前沿的场域、最直接的体现、最生动的样本、最典型的实践。

目 录
Contents

理论分析篇

第 1 章 研究缘起 …… 003

1.1 背景阐释 …… 003

1.1.1 研究必要性 …… 003

1.1.2 研究意义 …… 006

1.2 研究述评 …… 008

1.2.1 研究趋势分析 …… 008

1.2.2 国内外研究现状 …… 013

1.2.3 国内外研究现状评述 …… 014

1.3 研究思路与方法 …… 015

1.3.1 研究思路 …… 015

1.3.2 研究方法 …… 016

1.4 研究内容及创新 …… 017

1.4.1 研究内容 …… 017

1.4.2 研究创新 …… 018

第 2 章 教育科技人才“三位一体”的科学辨识 …… 020

2.1 教育、科技、人才一体化发展的历史逻辑 …… 020

2.1.1 理论渊源 …… 020

2.1.2 时代回应 …… 023

2.1.3 政策演进与发展 ······ 025
2.2 教育科技人才“三位一体”的战略意义 ······ 030
2.2.1 关乎国家和民族发展的长远大计 ······ 030
2.2.2 在国际竞争中赢得战略主动的必然要求 ······ 031
2.2.3 推动经济社会高质量发展的大势所趋 ······ 033
2.2.4 加快培育形成新质生产力的重要内容 ······ 034
2.3 教育科技人才“三位一体”的内在机理 ······ 034
2.3.1 三大战略的统筹推进 ······ 035
2.3.2 “三位一体”的互促逻辑 ······ 037
2.3.3 “三位一体”的价值实现 ······ 039
2.3.4 “三位一体”的现实困境 ······ 042
2.4 教育科技人才“三位一体”的四个关键 ······ 043
2.4.1 逻辑贯通 ······ 043
2.4.2 政策融通 ······ 044
2.4.3 堵点打通 ······ 045
2.4.4 要素畅通 ······ 045
2.5 教育科技人才“三位一体”的统筹工具 ······ 046
2.5.1 战略统筹 ······ 046
2.5.2 资源统筹 ······ 046
2.5.3 政策统筹 ······ 047
2.5.4 评价统筹 ······ 047
2.5.5 重大项目统筹 ······ 047
2.6 教育科技人才“三位一体”的基本载体 ······ 048
2.6.1 发展一流大学和优势学科 ······ 048
2.6.2 建设大科学装置 ······ 049
2.6.3 设立战略性创新评奖项目 ······ 049
2.6.4 培育产教融合型企业 ······ 050
2.7 产业、教育、智库“三位一体”融合发展的内在联系与意义 ······ 050
2.7.1 产业、教育、智库的内在联系 ······ 051
2.7.2 产业、教育、智库“三位一体”融合发展的重要意义 ······ 055

现状与问题剖析篇

第 3 章 广西教育、科技、人才融合发展的现状分析 …… 061
3.1 广西教育、科技、人才发展成效 …… 061
3.1.1 科教融汇迈上新台阶 …… 062
3.1.2 产教融合实现新提升 …… 062
3.1.3 协同育人迈出新步伐 …… 063
3.1.4 科技成果转化效能不断提升 …… 063
3.1.5 人才培养规模稳步增长 …… 063
3.2 广西推进教育、科技、人才发展的主要举措 …… 064
3.2.1 破除“条块壁垒”，构建贯通协同一体发展工作格局 …… 064
3.2.2 构建“教共体”，共促城乡教育一体化发展 …… 064
3.2.3 围绕“产教城”，推进产城发展和教育教学共融 …… 065
3.2.4 聚力“组团创新”，推进产学研用一体协同创新 …… 066
3.2.5 融合“产业+领先企业”，形成产教融合共同体 …… 067
3.2.6 实施“带土移植”，创新招才引智机制 …… 070
3.2.7 联动“平台+项目”，形成中国-东盟职业教育品牌 …… 071
3.2.8 主动“架桥铺路”，促进科技成果转化落地 …… 073
3.2.9 促成“部区共建”，打造面向东盟职业教育开放合作创新高地 …… 073
3.3 广西教育、科技、人才耦合度分析 …… 079
3.3.1 基于系统耦合理论的模型构建 …… 080
3.3.2 耦合协调度模型的应用 …… 084
3.3.3 教育、科技、人才耦合协调发展的影响因素分析 …… 089
3.4 制约广西教育科技人才“三位一体”发展的堵点问题 …… 090
3.4.1 “堵”在管理体制条块分割 …… 090
3.4.2 “堵”在办学规模偏小和层次不高 …… 091
3.4.3 “堵”在融合发展基础薄弱 …… 093
3.4.4 “堵”在科技创新能力不强 …… 103
3.4.5 “堵”在高学历人才紧缺和流失 …… 105

重点领域探索与实践篇

第 4 章　广西产业、教育、智库“三位一体”发展现状分析 ……………… 111
4.1　发展现状：呈现出五大新特征 ……………………………………… 111
4.1.1　产业、教育、智库融合发展的政策环境开创新局面 ……… 111
4.1.2　形成高校专业布局对产业体系全覆盖的新格局 …………… 112
4.1.3　产教融合双向对接与良性互动取得新成效 ………………… 114
4.1.4　特色新型智库建设与产教发展的融合实现新提升 ………… 115
4.1.5　与东盟产业教育智库合作迈上新台阶 ……………………… 116
4.2　主要问题 ……………………………………………………………… 117
4.2.1　深度不够：合力不足、渠道不通、层次不高 ……………… 117
4.2.2　基础较弱：产业不兴、教育不旺、智库不强 ……………… 118
4.2.3　后劲不足：投入有限、人才匮乏 …………………………… 119
第 5 章　外省产业、教育、智库融合的探索与实践 ……………………… 122
5.1　山东省：重点探索职普融通、产教融合、科教融汇的落地路径 ……………………………………………………………………… 122
5.1.1　构建全方位支撑和保障产教融合和科教融汇的政策体系 ……………………………………………………………………… 122
5.1.2　推进校所合署改革，实现教育和科技双轮驱动 …………… 123
5.1.3　探索“职普融通+贯通培养”的现代职教新模式 ………… 123
5.1.4　打造产教融合共同体 ………………………………………… 123
5.2　江苏省：推动高校、智库发展与产业建设“同频共振” ………… 124
5.2.1　全面实施江苏高校协同创新计划 …………………………… 124
5.2.2　建立校企合作协同育人机制 ………………………………… 124
5.2.3　大力加强高校智库建设 ……………………………………… 125
5.2.4　积极搭建产教融合平台 ……………………………………… 125
5.3　四川省：探索产教融合发展新模式推动职业教育高质量发展 … 125
5.3.1　坚持“专业+产业”路径，合理调整专业布局与设置 …… 126
5.3.2　以产教融合示范项目为抓手，强化校企“双主体”地位 ……………………………………………………………………… 126

5.3.3 建立“培养+就业”的校企联合培养、双元育人长效机制 …… 126
5.3.4 探索建立“学教研产城”融合发展新模式 …… 127
5.4 广东省：推动粤港澳大湾区产教融合发展 …… 127
5.4.1 推动粤港澳三方学分互认、学位互授和设施共享 …… 127
5.4.2 共建特色高职教育园区，创新内地与港澳合作办学新路径 …… 127
5.5 浙江省：推动人才供给侧和产业需求侧结构要素全方位融合 …… 128
5.5.1 实施职业院校新型专业建设工程，精准匹配产业需求 …… 128
5.5.2 实施“引企入校”改革，推进产教融合 …… 128
5.5.3 全力推进新型智库建设，助力产业发展 …… 129
5.6 产业、教育、智库融合的经验凝练 …… 129
5.6.1 一体化推进产业、教育、智库融合发展是典型的“一把手工程” …… 129
5.6.2 试点推进“高校+科研院所”合署改革 …… 129
5.6.3 注重建设科教融合协同育人联合体 …… 130
5.6.4 夯实产业、教育、智库“三位一体”融合发展的根基 …… 130
5.6.5 加强产业、教育、智库融合专业人才队伍建设 …… 131
5.6.6 强化企业在产业、教育、智库融合发展中的主体作用 …… 131

案例与经验启示篇

第 6 章 部分省份推进教育、科技、人才融合发展的政策措施及借鉴启示 …… 135
6.1 部分省份推进教育、科技、人才融合发展的政策措施 …… 135
6.1.1 山东省 …… 135
6.1.2 江苏省 …… 138
6.1.3 浙江省 …… 140
6.1.4 四川省 …… 142
6.1.5 福建省 …… 143
6.1.6 云南省 …… 144

6.2 对广西教育科技人才“三位一体”发展的借鉴启示 …… 146
6.2.1 加强部门联合，加快完善教育、科技、人才融合政策体系 …… 146
6.2.2 健全协同育人新机制，搭建多维度产教融合育人平台 …… 147
6.2.3 探索推进高校院所合署改革，实现科学研究与人才培养互促 …… 147
6.2.4 优化高等学校学科设置，提高人才自主培养水平和质量 …… 147
6.2.5 运用系统协同思维，构建“大人才”工作格局 …… 148
6.2.6 “引育管用留”协同发力，切实增强人才政策精准度 …… 148
第 7 章 教育、科技、人才融合发展的典型案例分析 …… 149
7.1 北京：瞄准国家战略需求聚力攻关 …… 149
7.1.1 背景情况 …… 149
7.1.2 主要做法 …… 150
7.1.3 经验启示 …… 156
7.2 中国光谷：教育科技人才“三位一体”融合带动产业发展 …… 157
7.2.1 背景情况 …… 158
7.2.2 主要做法 …… 158
7.2.3 经验启示 …… 162
7.3 西安交通大学：推动教育、科技、人才高质量发展 …… 163
7.3.1 背景情况 …… 164
7.3.2 主要做法 …… 164
7.3.3 经验启示 …… 167
7.4 北京科技大学：强化“三位一体”牵引能力 …… 168
7.4.1 背景情况 …… 168
7.4.2 主要做法 …… 168
7.4.3 经验启示 …… 172
7.5 集成电路卓越工程师创新研究院：深化科教产教融合育人 …… 173
7.5.1 背景情况 …… 173
7.5.2 主要做法 …… 173
7.5.3 经验启示 …… 175

7.6 京东方：打造技术策源地，为高质量发展增添新动能 …………… 175
7.6.1 背景情况 …………… 176
7.6.2 主要做法 …………… 176
7.6.3 经验启示 …………… 177
7.7 北京集成电路产教联合体：打通成果转化“最后一公里” …… 179
7.7.1 背景情况 …………… 179
7.7.2 主要做法 …………… 179
7.8 常州新能源产教联合体：推动产业转型升级“加速器” …… 181
7.8.1 背景情况 …………… 181
7.8.2 主要做法 …………… 181

对策建议篇

第 8 章 广西教育科技人才“三位一体”发展路径与对策建议 …………… 187
8.1 统筹广西教育科技人才“三位一体”发展的总体构想 …………… 187
8.1.1 指导思想 …………… 187
8.1.2 发展目标 …………… 188
8.1.3 发展思路 …………… 188
8.1.4 推进路径 …………… 189
8.2 对策建议 …………… 190
8.2.1 上下联动增强凝聚力，构筑融合一体新格局 …………… 191
8.2.2 固本强基增强支撑力，塑造融合一体新优势 …………… 193
8.2.3 建强学科增强竞争力，开辟融合一体新赛道 …………… 195
8.2.4 优势互补增强硬实力，创建融合一体新载体 …………… 195
8.2.5 人才强桂增强驱动力，激发融合一体新动能 …………… 197
第 9 章 广西产业、教育、智库“三位一体”融合平台构建策略与建议 …………… 201
9.1 平台建设的背景与意义 …………… 201
9.2 平台建设的总体要求和目标 …………… 202
9.3 平台主要建设内容和主要功能模块 …………… 202
9.3.1 构建数据标引规范及数据分析模型 …………… 203

9.3.2 软硬件基础设施建设 …… 203
9.3.3 安全保障体系 …… 203
9.3.4 建设基础数据库 …… 203
9.3.5 主要功能模块 …… 204
9.4 平台建设组织保障 …… 204
第 10 章 推进广西产业、教育、智库“三位一体”融合发展的对策建议 …… 205
10.1 发展思路、目标和路径 …… 205
10.1.1 发展思路 …… 205
10.1.2 发展目标 …… 205
10.1.3 发展路径 …… 207
10.2 对策建议 …… 210
10.2.1 编制融合发展规划和专项政策 …… 210
10.2.2 实施产业、教育、智库“三位一体”融合发展工程 …… 211
10.2.3 统筹推进产业、教育、智库领域综合改革 …… 212
10.2.4 构建广西产业、教育、智库“三位一体”融合平台 …… 212
10.2.5 开展产业、教育、智库“三位一体”融合载体试点建设 …… 213
10.2.6 发挥企业等社会力量主体作用 …… 214
10.2.7 构建教育布局与产业发展布局对接体系 …… 215
10.2.8 加强产业、教育、智库融合发展领域的专业人才队伍建设 …… 215
10.2.9 建立产业、教育、智库“三位一体”融合发展工作协调机制 …… 216
参考文献 …… 218

理论分析篇

第 1 章

研究缘起

1.1 背景阐释

1.1.1 研究必要性

教育孕育未来，科技彰显实力，人才引领发展。党的十八大以来，以习近平同志为核心的党中央立足新时代新征程党的历史使命，突出强调了教育的优先地位，把科技创新摆在国家发展全局的核心位置，高度重视科技人才队伍建设。党的二十大报告首次对教育、科技、人才进行“三位一体”统筹安排、一体化部署，具有重大现实意义和深远战略考量，为新时代一体推进教育、科技、人才工作提供了根本遵循和行动指南。

尽管广西过去在教育、科技和人才管理上存在一定的脱节，但始终高度重视并不断加强教育、科技、人才综合改革工作。为推进教育科技人才“三位一体”融合发展，广西成立全国首个教育科技人才综合改革专项小组。但是，与其他发达地区相比，广西在统筹推进教育科技人才“三位一体”发展方面仍有不少短板弱项，如优质高等教育资源区域分布不平衡、学科专业结构与产业衔接互动不够、人才流失问题严重、企业创新主体作用不明显、人才评价体系不够完善、科研成果转化推广联动机制不健全等，远远不能满足科教兴桂战略、人才强桂战略、创新驱动发展战略部署要求。因此，从教育科技人才“三位一体”的视角，开展广西统筹推进教育科技人才“三位一体”发展研究，找准教育、科技、人才衔接互补的着力点，打通三者堵点、难点，显得尤为必要和紧迫。

（1）贯彻落实国家统筹教育、科技、人才部署的必然要求。1995年，中共中央、国务院颁布《关于加速科学技术进步的决定》，首次正式提出“实施科教兴国战略”，指出“科教兴国，是指全面落实科学技术是第一生产力的思想，坚持教育为本，把科技和教育摆在经济、社会发展的重要位置，增强国家的科技实力及向现实生产力转化的能力，提高全民族的科技文化素质，把经济建设转移到依靠科技进步和提高劳动者素质的轨道上来，加速实现国家的繁荣强盛。”2002年，中共中央办公厅、国务院办公厅印发《2002—2005年全国人才队伍建设规划纲要》，首次提出“实施人才强国战略”，并强调要“从战略和全局的高度，深刻认识人才在经济和社会发展中的基础性、战略性、决定性作用”。2012年，党的十八大报告明确提出“实施创新驱动发展战略”，强调“科技创新是提高社会生产力和综合国力的战略支撑，必须摆在国家发展全局的核心位置”。2022年，党的二十大报告首次将教育、科技、人才进行统筹安排和一体部署。2022年12月15～16日于北京召开的中央经济工作会议指出“要有力统筹教育、科技、人才工作”。2023年2月，习近平在中共中央政治局第二次集体学习时指出：“实现科教兴国战略、人才强国战略、创新驱动发展战略有效联动，坚持教育发展、科技创新、人才培养一体推进，形成良性循环。”这充分彰显了党中央对科教工作的重视之深、期待之切和谋划之远。因此，站在全区高度和系统角度，开展广西统筹推进教育科技人才“三位一体”发展研究，探索实现一体式推进的路径是贯彻落实国家统筹教育、科技、人才部署的必然要求。党的十八大以来国家层面有关教育、科技和人才的52份政策文件见表1-1。

表1-1　党的十八大以来国家层面有关教育、科技和人才的52份政策文件

划分维度	具体层面	发布部门	文件份数	合计
主题维度	以“规划”作为主要内容	中共中央、国务院单独或联合印发	4	5
		部委印发	1	
	以“深化体制改革”作为主要内容	中央层面印发	8	22
		部委印发	14	
	以“人才培养、人才流动”作为主要内容	中央层面印发	3	10
		部委印发	7	
	以“人才评价、科技成果评价转化”作为主要内容	中央层面印发	3	7
		部委印发	4	

续表

划分维度	具体层面	发布部门	文件份数	合计
主题维度	以“推动产业和区域发展”作为主要内容	中央层面印发	4	8
		部委印发	4	
层级维度	中央层面	中共中央、国务院单独或联合印发	10	22
		中共中央办公厅、国务院办公厅单独或联合印发	12	
	部委层面	教育部	2	30
		科技部	4	
		教育部或科技部联合其他部委印发	24	
时间维度	党的十八大到党的十九大期间	中共中央、国务院单独或联合印发	10	19
		中共中央办公厅、国务院办公厅单独或联合印发	3	
		部委印发	6	
	党的二十大至今	中共中央办公厅、国务院办公厅单独或联合印发	9	33
		部委印发	24	

注：统计截至 2023 年 12 月 31 日。

（2）构建广西“科产教”融合新生态的现实需要。广西高等教育一直存在“有山无峰”“山多峰少”的局面，全区仅有一所双一流建设高校，高水平大学和标志性学科数量少，且科研成果难转化，技术供给难以匹配产业需求。课程体系、教学方式、实习实训内容与科技创新和产业技术研发的实际需求有一定程度的脱节，部分学科专业的设置和调整相对滞后，尚未适应科学技术迅速发展和产业更新换代的趋势。千亿元产业集群及北部湾经济区开发等重大发展战略亟需交通运输、生物医药、农林、石油化工、能源动力与材料、轻工纺织等学科专业支撑，但相关领域布局不足，导致学科专业结构与经济社会发展契合度低。本书聚焦产学研深度融合开展研究，着力突破产教融合、科教融汇的卡点、堵点、瓶颈，打通学科、产业、人才之间的壁垒，促进教育链、人才链、创新链、产业链联通、畅通和融通。

（3）新时代广西人才工作改革创新的重要举措。新一轮科技革命和产业变革带来的知识生产与扩散方式的改变，科技、产业、人才的日益融合，正不断改变人才培养、配置、使用和价值实现方式，人才发展已不再停留于原有的格局之中，广西既有的、传统的、单一的就人才论人才的工作理念、方式方法与单兵突进式的工作模式已不适应新时代的需求。①广西财政收入总量小、增速不快，多年来对人才工作投入少，经过自治区党委组织部积极争取，直到 2023 年才首次设立规模约 6.5 亿元的自治区人才发展专项资金，用于开展人才引育工作，但相比云南省自 2019 年开始每年投入 40 亿元开展人才引育工作，广西的投入规模差距显著。②与其他先进省份相比，广西在薪酬、安家政策、硬件条件上不具优势，导致人才流失到广西区外的比例相当大。以桂林理工大学为例，该校 2022 届毕业生在广西就业的比例为 41.25%，到广东就业的比例为 31.63%，其中研究生毕业生在广西区内就业的比例只有 26.29%，更多选择在广西区外就业。桂林电子科技大学 2018 届毕业生中，到珠三角地区就业的比例高达 45.00%，留在广西就业的只占 34.15%。如何留住人才、引导人才回流，成为广西面临的一项长期性难题。然而，人才工作改革是一项由政府主导、教育支撑、科技推进、产业支持的系统工程。本书聚焦“培养什么人、怎样培养人、为谁培养人”这一根本问题展开研究，协同推进广西教育领域改革和人才发展体制机制改革，使教育更加符合人才成长规律，使人才工作更加符合教育规律。

1.1.2 研究意义

科技是第一生产力，人才是第一资源，创新是第一动力。党的二十大报告提出“教育、科技、人才是全面建设社会主义现代化国家的基础性、战略性支撑”的重要论断，体现了三者相辅相成、协同发力、强劲支撑社会主义现代化强国建设的重要战略地位。这一论断为统筹教育、科技、人才发展制定了行动纲领。因此，在新形势下，深入分析广西教育科技人才“三位一体”的发展现状、存在的问题，明晰广西统筹推进教育科技人才“三位一体”发展路径对于促进我区教育链、人才链和创新链深度融合，提升广西科教创新体系的整体效能具有重要的理论价值和现实意义。

（1）有利于进一步丰富科教协同发展理论研究成果，为构建教育科技人才“三位一体”新模式提供理论支撑。党的二十大报告首次将科教兴国战略、人才强国战略、创新驱动发展战略摆在一起进行系统谋划，共同支撑社会主义现代化强国建设。党的二十届三中全会着眼提升国家创新体系整体效能，以改革驱动创新、以创新引领发展，对构建支持全面创新体制机制，统筹推进教育科技人才体制机制一体改革作出了重要部署，为深化教育综合改革、深化科技体制改革、深化人才发展体制机制改革绘制了新的“施工图”。这充分体现了坚持系统观念的总要求，启发我们要不断探索教育、科技、人才协同发展的内在规律，把握三项重要事业之间的辩证关系，不断把高质量发展的关键要素汇聚成提升国家竞争力的强大合力。理论上，三者的融合发展必须以教育为动力源，各项政策应促进三者的协同发展、螺旋互促和动能转化。如何精准把握教育、科技、人才的内在逻辑机理，在三者的良性互动、协调互促和衔接发展中更好地发挥“集成”功能，统筹推进教育、科技、人才一体化发展，已成为新发展阶段科技界、学界共同关注的重要理论和实践议题。本书对教育、科技、人才三者的本质内涵进行研究，从功能属性、作用关系、战略逻辑三个维度分析研究教育科技人才“三位一体”的内在机理等，有利于丰富和完善现有科教协同发展理论研究成果。

（2）有利于破除体制机制障碍，汇聚教育科技人才强大合力。体制机制顺，则人才聚、事业兴。体制机制是方法、是路径、是环境，更是发展的动力和活力所在。当前，广西教育、科技、人才工作部门存在缺乏统一的发展规划目标，业务沟通联系不够密切，协同意识不强，信息、数据共享机制不完善，业务融合不足等问题，工作合力有待加强；高校与科研院所未能建立科教融合的利益共同体，在开展科教融合协同创新方面缺乏专业政策和资金支持，缺乏明晰、长远的发展目标和科学、合理的制度保障，资源整合不畅，一体化推进中存在无形阻力和制度成本。为了实现“1+1+1>3”的功效，本书运用改革思维，研究如何冲破制度藩篱、体制坚冰，找准教育、科技、人才衔接互补的着力点，完善跨部门统筹机制，推进政策协同配套，以协同发力破局开路，提出广西统筹推进教育科技人才“三位一体”发展的政策建议，为做好今后工作指明改革重点、主攻方向，提供改革攻坚的方法论指导，以破除体制机制障碍，释放科技创新潜能，激发科技人才活力，提升科技创新整体效能。

（3）有利于我区深化科教融汇，协同培养复合型创新人才。“科”“教”不分家，重点在“融”，结果是“汇”。科教融汇实质是以科技需求牵引教育改革，以教育改革推动人才培养，以人才成长促进科教发展。但目前科研和教育体制条块分割，科研院所侧重于追求科研成果，而高校担负着人才培养的使命，通常双方的合作仅限于项目合作，一旦项目结束双方合作随即终止，加之高校和科研院所管理体制、运行机制上存在差异，又分属不同的行政部门管理，各自在封闭的系统内活动，工作衔接不畅、“抢”项目和“抢”人才的现象时有发生。尽管广西的高校和科研院所（如广西大学与广西农业科学院）已经迈出了院校合作的步伐，但总体上合作水平和合作层次不高，合作深度和广度也有待加强。本书旨在深入研究科教融汇改革的体制机制，积极探索办学模式、育人方式和科研机制融合汇聚的实现路径，为促进广西科技创新体系与人才培养体系协同发展提供决策参考。

1.2　研究述评

1.2.1　研究趋势分析

本书运用万方选题针对“教育科技人才一体”领域进行文献计量分析、研究热点监测及演化分析、交叉学科及空白点挖掘等。

1. 文献计量分析

随着科研水平的不断提高，“教育科技人才一体”领域引起了学者们的广泛关注，相关研究发展迅速，文献数量快速增长，2015 ～ 2024 年与“教育科技人才一体”主题相似（标题、关键词、摘要包含“教育科技人才一体”）的文献共有 1384 篇，标题中包含“教育科技人才一体”的文献共有 572 篇，关键词中包含“教育科技人才一体”的文献共有 47 篇，摘要中包含“教育科技人才一体”的文献共有 1366 篇（图 1-1）。

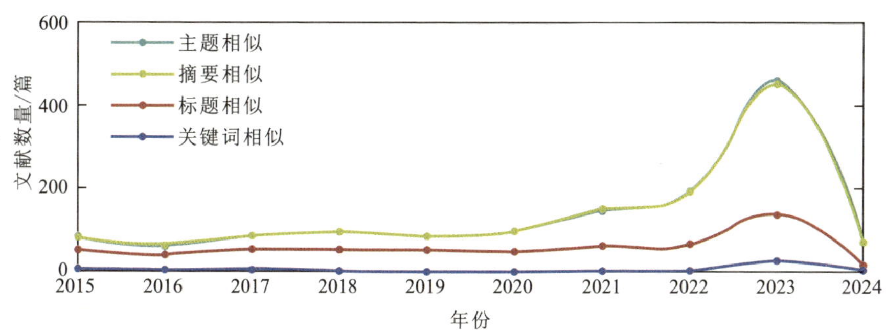

图 1-1　2015 ～ 2024 年“教育科技人才一体”领域研究趋势

2. 研究热点监测及演化分析

为监测不同时期“教育科技人才一体”领域的研究热点，并揭示研

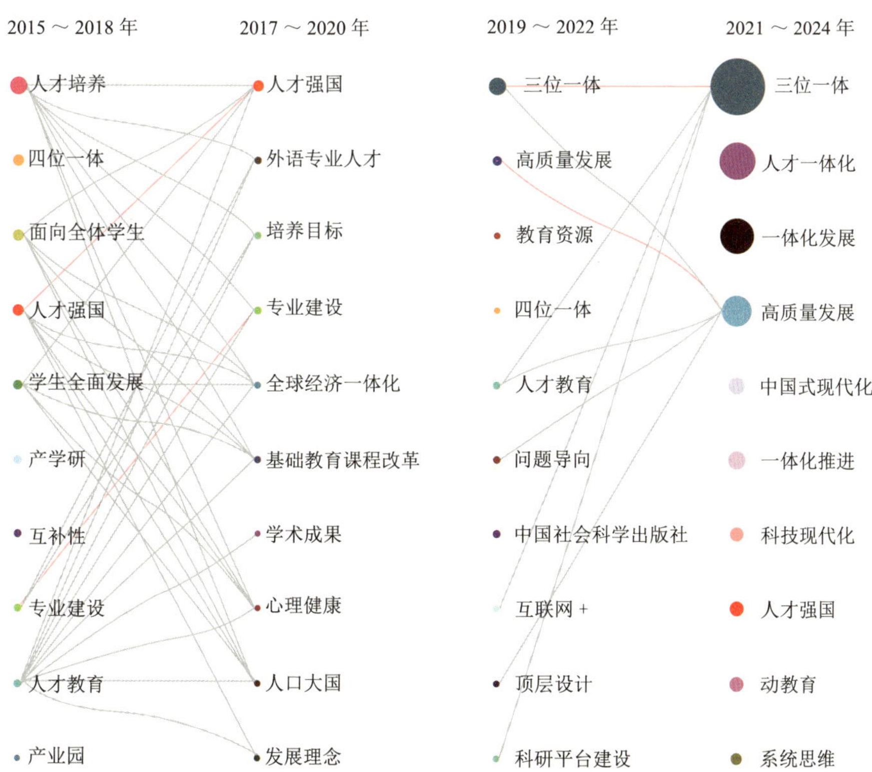

图 1-2　研究热点监测及演化分析

究热点随时间推移的演化关系，本书对 2015 ～ 2024 年“教育科技人才一体”领域研究中的热门主题词进行演化分析，结果如图 1-2 所示。图中气泡代表某一年份区间内的热点研究主题，不同颜色代表不同主题，从左到右分别表示学术脉络知识图谱的不同时期，气泡面积与研究主题相关论文数成正比，气泡之间的连线代表主题之间存在演化关系，线条粗细与主题之间的关联度成正比，同一时间段的热点主题按照相关论文数从上到下降序排列。2021 ～ 2024 年新兴的研究热点有“人才一体化”“一体化发展”“中国式现代化”“一体化推进”“科技现代化”“人才强国”“动教育”“系统思维”。

3. 交叉学科及空白点挖掘

学科渗透、交叉“地带”存在着较多的研究空白。通过分析

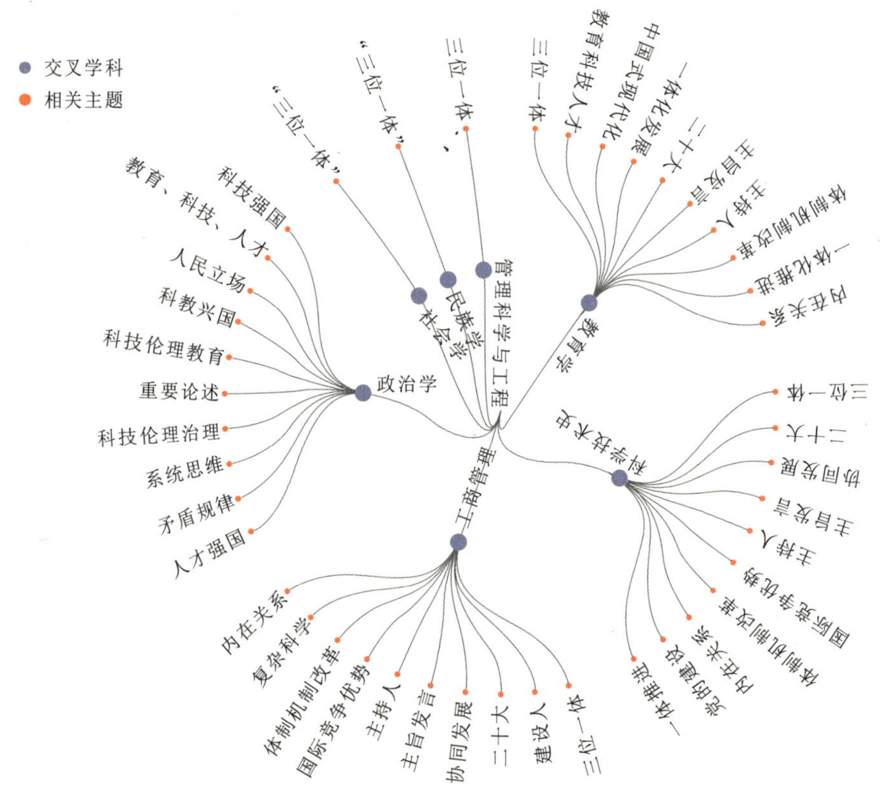

图 1-3 “教育科技人才一体”研究的学科交叉情况

2021 ～ 2024 年“教育科技人才一体”领域渗透的学科，有助于发现空白点。“教育科技人才一体”领域经过多年发展，其相关理论已被应用到各个学科领域，呈现出跨越众多学科的发展趋势。将关联学科按照相关论文数顺时针降序排列后，发现“教育科技人才一体”领域与教育学、科学技术史、工商管理、政治学、社会学、民族学、管理科学与工程学科相互交叉、相互渗透，并衍生出了很多研究主题。“教育科技人才一体”领域与教育学学科相关论文最多，理论与应用发展相对更加完备；其与管理科学与工程学科相关论文最少，或可考虑针对此方面进行学术探索与挖掘。“教育科技人才一体”在各个学科领域都存在着巨大的发展前景，对推动各个行业领域的发展具有重要作用。“教育科技人才一体”研究的学科交叉情况如图 1-3 所示。

4. 研究热点关联主题分析

近年来，随着“教育科技人才一体”相关研究的发展，多个行业领域与学科领域都有其身影。对 2015 ～ 2024 年的研究热点关联主题进行统计

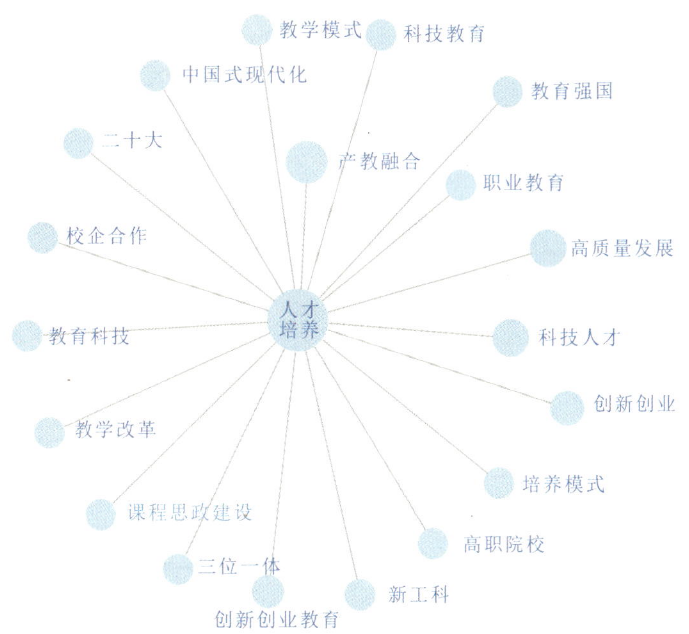

图 1-4　2015 ～ 2024 年“教育科技人才一体”的研究热点关联主题

分析，可以发现“教育科技人才一体”领域的 20 个关联主题中热度排名前 5 的主题分别是人才培养、产教融合、职业教育、科技人才、高质量发展。2015 ～ 2024 年“教育科技人才一体”的研究热点关联主题如图 1-4 所示。

5. 预警新兴的研究方向

挖掘“教育科技人才一体”领域近几年研究量突增的潜力研究主题，有助于预警新兴的研究方向，辅助科研决策。“教育科技人才一体”研究进程中，出现了新兴的研究主题。这些主题的研究量近三年呈现快速增长的趋势，未来可能发展成为“教育科技人才一体”领域的研究热点。2021 ～ 2023 年研究量增长排名前 5 的主题包括：教育科技人才“三位一体”、中国式现代化、中国式教育现代化 + 中国式现代化、一体化 + 中国式现代化、中国式现代化 + 社会主义现代化；在 2021 ～ 2023 年内研究量保持每年快速增长的新兴主题包括：中国式现代化、中国式现代化 + 社会主义现代化、中国式 + 现代化、逻辑机理 + 高质量发展；连续

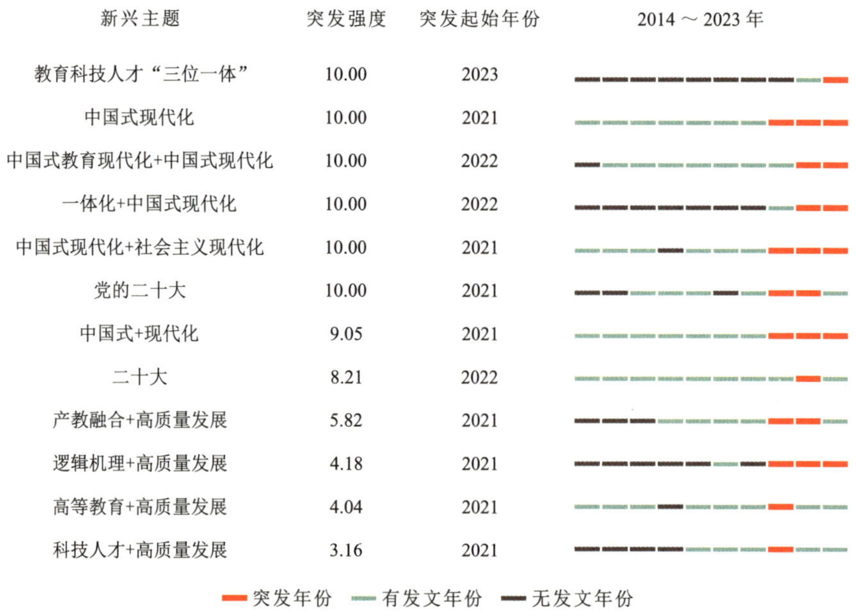

新兴主题	突发强度	突发起始年份	2014 ～ 2023 年
教育科技人才“三位一体”	10.00	2023	
中国式现代化	10.00	2021	
中国式教育现代化+中国式现代化	10.00	2022	
一体化+中国式现代化	10.00	2022	
中国式现代化+社会主义现代化	10.00	2021	
党的二十大	10.00	2021	
中国式+现代化	9.05	2021	
二十大	8.21	2022	
产教融合+高质量发展	5.82	2021	
逻辑机理+高质量发展	4.18	2021	
高等教育+高质量发展	4.04	2021	
科技人才+高质量发展	3.16	2021	

突发年份　有发文年份　无发文年份

图 1-5　预警新兴的研究方向

多年无发文，直到 2023 年研究热度突然增长的新兴主题为教育科技人才“三位一体”；2019 ～ 2023 年才开始有发文的新兴主题包括：教育科技人才“三位一体”、一体化 + 中国式现代化、逻辑机理 + 高质量发展（图 1-5）。

1.2.2　国内外研究现状

1. 关于教育、科技、人才一体化部署重大意义的研究

张换兆（2023）分析研究了贯彻落实党的大会专章部署教育、科技、人才工作的重大战略意义，认为教育、科技、人才三螺旋结构融合发展是我国高质量发展、塑造未来竞争优势、保障国家安全的关键。张晶和陈雨凡（2023）基于一体化结构，解读了培养创新型时代新人的重要意义，认为科技创新发展需要创新型人才助力推动，人才强国建设依靠创新型人才作为主体支撑，教育是培养高质量创新型人才的主要阵地。蔡秀军（2023）认为高校是教育、科技、人才的重要载体，也是深入实施科教兴国战略、人才强国战略、创新驱动发展战略的重要结合点，提出教育科技人才“三位一体”融合发展的新思路。

2. 关于教育、科技、人才一体化发展逻辑机理的研究

段从宇等（2023）聚焦理论与实践结合逻辑、上位与下位兼顾逻辑、工作与事业统筹逻辑的分析阐释，提出了基于多维解构的教育、科技、人才一体推进理论逻辑，揭示了“以教育为基础、以科技为动力、以人才为主体”的“三位一体”三角协调关系。董自程（2023）提出了新时代教育支撑教育、科技、人才一体化发展的价值逻辑：教育优先发展支撑教育、科技、人才一体化发展；教劳结合是教育、科技、人才一体化发展的整体把握；创造性教育是教育、科技、人才一体化发展的驱动力；强调要淡化科技教育与人文教育之间的界限，使教育与科技创新的新型举国体制相适应，以创造性人才培养为培育时代新人的导向。张正清和孙华丰（2023）研究了教育、科技、人才内在关系的价值维度，以及教育科技人才“三位一体”的价值一致性问题，提出了教育发展、科技创新、人才培养一体推进中的价值融合路径。

3. 关于教育、科技、人才一体化发展的治理困境的研究

郑金洲（2023）认为，教育、科技、人才一体化发展的治理困境有四个方面：①价值困境，表现为教育、科技、人才的价值取向有一定差异；②机制困境，表现为教育、科技、人才一体化发展的协调机制有待完善；③行动困境，表现为存在宏观体系对接困难、中微观层面疏离的现象；④结果困境，表现为一体化发展的政策效果难以检验、存在不确定性。

4. 关于教育、科技、人才一体化发展改革路径的研究

包信和（2023）以中国科学技术大学推进中国特色世界一流大学建设为例，阐述了中国科学院在“全院办校、所系结合”办学方针的指导下，不断推进教育、科技、人才一体化部署的成功实践。扎西和曲姿璇（2023）立足“建设美丽幸福西藏、共圆伟大复兴梦想”的实际，提出在中国式现代化西藏篇章建设中要坚持党的领导、坚持“四个服务”、坚持改革创新、坚持系统观念，在聚焦办好人民满意的教育、聚焦学科体系建设、聚焦科技攻关和成果转化、聚焦人才工作机制完善等方面谋篇布局。罗哲等（2023）提出中国式现代化推进中要深化教育科技人才“三位一体”融合发展的改革路径，持续深化教育、科技与人才的供给侧结构性改革，着力破除制约教育、科技和人才发展的体制机制障碍。唐家莉（2023）认为，教育是劳动力生产和再生产的必要条件，教劳结合是促进教育、科技、人才一体化的重要途径，以教劳结合为突破点，才能更好地推动教育观念、政策、结构、内容、体制等一系列变革，进而落实科教兴国战略。

1.2.3 国内外研究现状评述

通过对文献研究成果的挖掘、整理和知识图谱分析，本书发现其中还存在一些不足，主要表现在以下两个方面。

1. 对教育、科技、人才间的耦合协调关系缺乏定量化研究

教育科技人才“三位一体”是我国的创新提法，三者是辩证统一的关系，因此只有三者有机联动共同发挥作用，才能支撑起全面建设社会主义

现代化国家的任务。现有研究中缺乏对教育、科技、人才间耦合协调关系的定量化研究，如何有效测评教育、科技、人才之间的耦合协调程度，有待深入研究。

2. 对教育科技人才“三位一体”发展路径缺乏深入的实证研究

在针对教育科技人才“三位一体”发展的学术研究方面，需要进一步开展国际既有经验分析、国内历史经验和案例研究，以及多案例比较研究，从而明晰教育、科技、人才一体化发展的差异化路径和发展机制。而目前仅有少数学者通过案例分析的方式对教育、科技、人才一体化实践进行了介绍，并没有从中提炼出有价值的理论，对教育、科技、人才一体化发展路径缺乏深入的实证研究。

综上所述，虽然近年来国内关于教育、科技、人才的研究逐年增多，但大多集聚在教育科技人才“三位一体”的重大意义、深刻内涵、理论起源、治理困境、逻辑关系方面，关于三者协调发展的研究仍然较少，对于三者之间耦合协调关系的定量化研究和实证分析不足，尤其缺乏基于区域经济社会发展背景，从教育、科技、人才工作一体推进维度开展的研究。

1.3　研究思路与方法

1.3.1　研究思路

本书按照“理论研究 - 现状剖析 - 体系构建 - 问题锁定 - 经验分析 - 路径设计”的研究思路，运用专业化信息搜集工具，收集、整理、关联、重组相关研究材料，进一步明确研究对象范围；运用文献分析和实地调研等方法研究总结国内推进教育、科技、人才融合发展的政策措施和先进经验；运用耦合协调模型研究分析 2011 ～ 2021 年广西教育、科技、人才的耦合协调发展水平；运用对比分析法、综合分析法等方法研究并提出广西统筹推进教育科技人才“三位一体”发展路径与对策建议。本书技术路线图如图 1-6 所示。

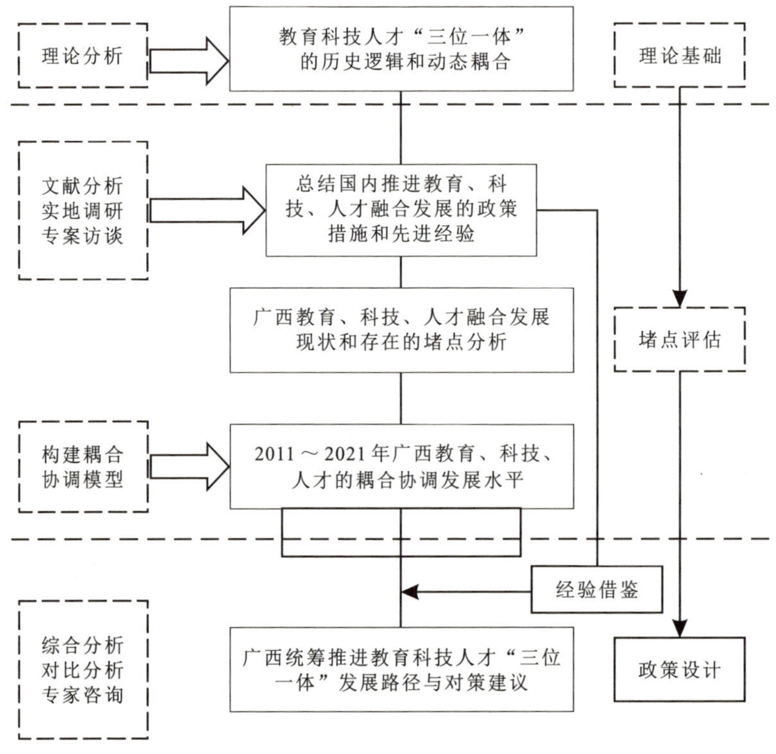

图 1-6　本书技术路线图

1.3.2　研究方法

本书主要采用文献分析法、基于耦合协调模型评价法、对比分析法、综合分析法等研究方法开展广西统筹推进教育科技人才“三位一体”发展研究，确保研究的科学性、可靠性和决策参考价值。

1. 文献分析法

通过系统性地搜集、科学严谨地鉴别、条理清晰地整理、深入细致地研究有关教育、科技、人才一体融合发展的国内外权威理论文献，以及全面收集整理国内（从国家层面到地方层面）推动教育、科技、人才“三位一体”发展的相关政策措施，形成对本书研究主题的科学认识。

2. 基于耦合协调模型评价法

运用耦合协调模型研究分析 2011 ～ 2021 年广西教育、科技、人才的耦合协调发展水平，确定每个评价指标的权重，构建广西教育、科技、人才的耦合协调度评价指标体系，为广西教育、科技、人才现状作出全面、系统的评价，为自治区党委、政府统筹推进全区教育科技人才“三位一体”发展提供可靠的数据基础和决策依据。

3. 对比分析法

将广西与国内其他省份推动教育科技人才“三位一体”发展的相关政策措施和经验做法进行整理和对比分析，得出相关结论，总结存在的问题并提出具体的解决方案。

4. 综合分析法

在充分了解广西教育科技人才“三位一体”发展现状与问题、借鉴国内其他省份统筹推进教育科技人才“三位一体”的经验做法基础上，运用综合分析法，提出系统性、指导性、可操作性强的建议。

1.4　研究内容及创新

1.4.1　研究内容

本书深入贯彻落实党的二十大和广西教育科技人才综合改革专项小组一体推进教育、科技、人才领域综合改革的部署要求，通过剖析教育科技人才“三位一体”的历史逻辑和动态耦合，深入分析广西教育、科技、人才融合发展现状和存在的堵点，总结国内推进教育、科技、人才融合发展的政策措施和先进经验，研究提出广西统筹推进教育科技人才“三位一体”发展路径与对策建议，为广西统筹部署和一体推进教育、科技、人才领域综合改革，加快推进教育科技人才“三位一体”融合发展提供决策参考。

本书的主要内容如下。

（1）科学辨识教育科技人才“三位一体”。从时代回应、政策变迁两个维度分析研究教育、科技、人才一体化发展的历史逻辑，研究教育科技人才“三位一体”的动态耦合机制，梳理思维导图和互促逻辑，为广西统筹推进教育科技人才“三位一体”发展提供理论指导。

（2）分析广西教育科技人才“三位一体”的发展现状。采取实地调研、访谈交流、书面调研、资料收集等多种方式，深入分析研究广西教育科技人才“三位一体”的发展现状和存在的堵点。运用耦合协调模型研究分析2011～2021年广西教育、科技、人才的耦合协调发展水平。

（3）调研了解国内教育科技人才“三位一体”融合发展的先进经验和做法。调查了解山东、江苏、浙江、四川、福建和云南6省的实践经验，对各地统筹推进教育科技人才“三位一体”融合发展采取的亮点措施和主要做法进行梳理分析，找出可供广西借鉴的经验启示。

（4）研究提出广西统筹推进教育科技人才“三位一体”发展路径与对策建议。针对广西教育、科技、人才工作存在的问题和短板，深入研究广西教育优先发展、科技自立自强、人才引领驱动的“三位一体”良性循环的运行机制，提出广西统筹推进教育科技人才“三位一体”发展路径与对策建议，为广西一体推进教育、科技、人才领域综合改革，加快推进教育科技人才“三位一体”融合发展提供决策参考。

1.4.2 研究创新

1. 视角创新

教育科技人才“三位一体”发展是一个全新的研究课题，现有对教育科技人才“三位一体”发展的研究大多缺乏统筹战略思维。本书站在统筹战略全局的角度构建教育、科技、人才研究的大视角、大格局，拓展对创新驱动发展战略、科教兴桂战略、人才强桂战略有效联动规律的认识，视角独特，具有重要的启发借鉴意义。

2. 方法创新

本书综合吸收教育学、科学学与科技管理、统筹学、系统学的理论知识，对教育科技人才“三位一体”发展进行跨学科综合性研究，率先在广西乃至全国构建可量化、可操作的教育、科技、人才耦合协调度模型和指标体系，深入分析 2011 ～ 2021 年广西教育、科技、人才的耦合协调发展水平，创新教育科技人才“三位一体”发展研究方法和实践评价，突破学科思维的限制。

3. 观点创新

（1）把教育科技人才“三位一体”融合发展作为新时代推进西部大开发的重要战略来抓。现有研究缺乏对教育、科技、人才三者内涵和关系的明晰界定，本书鲜明提出教育、科技、人才是深度关联、互为依存、相互作用的有机整体，并提出把教育科技人才“三位一体”融合发展作为新时代推进西部大开发的重要战略来抓，可谓观点独特，让人耳目一新。

（2）越是欠发达地区，越需要教育科技人才“三位一体”统筹推进。当前广西与发达地区相比还有较大差距，面临着既要“赶”又要“转”的困境。统筹推进教育科技人才“三位一体”是解决广西教育、科技和人才资源匮乏，跨过爬坡之坎、闯过攻坚之隘的必由之路。教育科技人才“三位一体”在辩证中互动和融合将为新时代壮美广西建设提供最重要的动力、最前沿的场域、最直接的体现、最生动的样本、最典型的实践。

（3）教育、科技、人才的耦合协调度模型和指标体系可为评估区域教育、科技、人才融合发展提供全方位的数据支撑和测量标准。建构结构完整、指标真实、利于操作的耦合协调度模型有助于对区域教育、科技、人才融合发展水平和制约因素进行动态和静态的观察与检视，为真实和客观评估区域教育、科技、人才融合发展水平提供测量标准和检验尺度。

4. 内容创新

本书具有“前瞻、创新、求是、务实”的鲜明特点，研究找出广西教育、科技、人才综合改革亟须炸掉的“顽固碉堡”和必须攻克的“战略高地”，借鉴兄弟省份经验，创新提出广西统筹推进教育科技人才“三位一体”发展路径与对策建议，具有较高的决策应用价值。

第 2 章

教育科技人才“三位一体”的科学辨识

教育、科技、人才是驱动知识和创新的“三驾马车”，三者高度关联、指向一致。党的二十大报告将教育科技人才“三位一体”统筹安排、一体部署，反映了党中央对教育、科技、人才的更强需求和更大期待。2022年中央经济工作会议强调“要有力统筹教育、科技、人才工作”，凸显了实现三者衔接互补的整体功能输出的紧迫性。

2.1 教育、科技、人才一体化发展的历史逻辑

2.1.1 理论渊源

马克思主义是教育、科技、人才一体化的理论来源。马克思、恩格斯在对人类社会道路的探索中虽然没有明确提出“现代化”和“教育、科技、人才一体化”思想，但他们提出的“现实的人”“教育与生产劳动相结合”“科学技术”“人的自由而全面发展”等理论促使人类逐渐走向现代化。

1. 马克思主义“现实的人”理论为教育、科技、人才一体化夯实主体效应

马克思主义从 3 个方面定义了“现实的人”的本质特性。①“现实的人”

具有社会属性。马克思将人的本质归纳为“在其现实性上，它是一切社会关系的总和”。“现实的人”在相互联系中受到各种环境、经济、教育等因素的影响，因此，人的现实性和社会性存在必然联系。②“现实的人”具有实践属性。人在发展之中需要满足自身的物质和精神需要，“现实的人”通过实践去认识世界和改造世界。因此,“现实的人”也是实践活动中的人，现实性与实践性必然存在相应的联系。③“现实的人”具有历史属性,是“处在现实的、可以通过经验观察到的、在一定条件下进行的发展过程中的人”。人是历史的创造者，整个社会历史发展的实践进程是由人通过劳动而产生的。马克思讨论“现实的人”的最终目标就是使人得到解放，这个目标的实现过程也是“现实的人”的历史发展过程。“现实的人”立足社会、实践和历史等属性描绘了人的现代化的理论逻辑起点。

2. 马克思主义“教育与生产劳动相结合”理论为教育、科技、人才一体化强化思想指引

恩格斯在《反杜林论》中指出：“在社会主义社会中，劳动将和教育相结合，从而既使多方面的技术训练也使科学教育的实践基础得到保障”，这为教育、科技、人才的发展指明了一体化建设方向。马克思在《资本论》中提出:“为改变一般人的本性,使它获得一定劳动部门的技能和技巧,成为发达的和专门的劳动力，就要有一定的教育或训练”。教育存在于人的生产劳动中，社会生产劳动离不开教育。马克思高度重视脑力劳动在价值创造中的作用，认为脑力劳动是推动劳动工具从石器到铁器再到自动化机器转变的重要因素，社会的向前发展归结为脑力劳动特别是自然科学的发展。因此，马克思主张要用科学的理论来武装工人，让工人阶级获取科学理论知识去认识和改造世界，肩负起无产阶级的使命。

3. 马克思主义“科学技术”理论为教育、科技、人才一体化提供学理支撑

科学技术是社会生产发展的强大动力支撑。马克思、恩格斯虽然不从事科学技术工作，但是出于革命的需要，他们始终关注科学技术的发展。马克思、恩格斯非常重视科学技术成果给人类社会和思维方式变化带来的巨大作用。马克思主义“科学技术”理论的核心是“科学技术是生产力”，

马克思认为“生产力中也包括科学”。劳动者由于掌握了科学技术，从而推动了生产力的发展。马克思、恩格斯认为，科技的主体是人而并非物质，科学技术的开发和应用，把人从各种社会劳动关系中解放出来，使人获得更多的自由发展空间。科学和工业的进步离不开教育和人才的基础性支撑。科技在人类历史发展中起着杠杆作用，其之所以能成为第一生产力，与教育、人才的高质量保障密切相关。因此，要提高科技水平，必须以人为本。马克思主义对“科学技术”理论的阐述为中国式现代化的科技自立自强、创新发展提供了支撑。

4. 马克思主义“人的自由而全面发展”理论为教育、科技、人才一体化树立目标导向

马克思、恩格斯在《共产党宣言》中明确指出：“每个人的自由发展是一切人的自由发展的条件。”实现人的自由而全面发展是共产主义奋斗的终极目标，同时也为教育、科技、人才一体化树立了目标导向。①人的自由而全面发展的本质要求是保障人的需要。马克思提出：“要把自然科学发展到它的顶点；同样要发现、创造和满足由社会本身产生的新的需要。”因此，自然科学的产生可以满足人在生产发展中产生的更多新需求。只有创造出更好的社会条件，才能满足人的自由而全面发展的需要。②人的自由而全面发展的重要特性是培养人的才干。马克思指出：“把有报酬的生产劳动、智育、体育和综合技术教育结合起来，就会把工人阶级提高到比贵族和资产阶级高得多的水平。”这充分说明培养人全面发展的重要性。因此，教育可以提高人在知识学习、技能训练和推动科技生产等方面的技能。

综上所述，马克思、恩格斯虽然没有对教育、科技和人才三者的关系进行直接阐释，但是从他们对“现实的人”“教育与生产劳动相结合”“科学技术”“人的自由而全面发展”等相关理论论述中可以得知三者之间存在协同支撑、相辅相成的内在耦合。

与历次党代会报告中将教育、科技、人才分开表述，有所侧重不同，党的二十大报告直接把三者紧密联系在一起，表述为“全面建设社会主义现代化国家的基础性、战略性支撑”，这是党强国战略思想的升华，是对社会进步、国家发展的规律性认识，是马克思主义中国化时代化的重要组成部分，是坚持系统观念的具体体现，充分体现了马克思主义生产力理论

内部各要素的协同配合、有机联动、一体推进。

党的二十届三中全会通过的《中共中央关于进一步全面深化改革、推进中国式现代化的决定》提出的“统筹推进教育科技人才体制机制一体改革”的思路，坚持了马克思主义基本观点和立场，并以一种新的表述形式把马克思主义关于教育、科技、人才的基本观点展现出来，具有新的时代特点，体现了守正创新的方法论原则。

2.1.2　时代回应

在历史的长河中，教育始终是推动社会发展的重要力量。强国必先强教，凡大国崛起者，无一不重视教育；凡世界强国者，无一不是教育强国。

（1）16 世纪以来，全球先后形成意大利、英国、法国、德国和美国五个世界科学中心（图 2-1），每一次科学中心的兴起，无一不是得益于教育的先导作用。

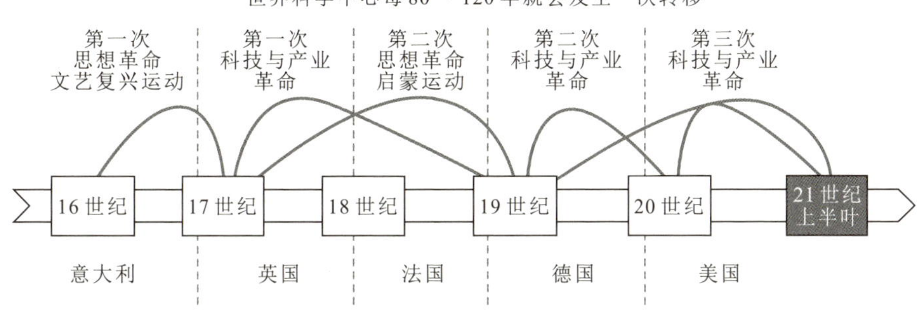

图 2-1　16 ～ 21 世纪世界科学中心转移情况

500 年大国兴衰，留下同样的历史印记。五个世界科学中心都是先成为世界教育中心，而后才成为世界科学中心、人才中心，并因此崛起成为世界强国，三者在发生时序与变迁路径上高度一致。从历史逻辑看，随着世界科学中心的转移，教育、科技、人才呈现出中心同构、时空聚集、资源汇聚的融合发展特性。这深刻表明，教育、科技、人才三者相互依存、相互支撑、相互促进，是耦合互嵌、共融互生的共生体。通过世界科学中心转移的历程，可以发现要维护世界科学中心或形成新的世界科学中心，离不开教育、科技、人才“三驾马车”。教育、科技、人才在世界科学中心转移中的融合发展情况见表 2-1。

表 2-1 教育、科技、人才在世界科学中心转移中的融合发展情况

国别	代表人物及标志性成果	世界地位	融合发展体现
意大利	伽利略的《关于力学和位置运动的两门新科学的对话》	近代科学的旗帜	教育、科技、人才三者并未跨越边界实现共融发展，更多还停留在本领域开疆拓土
英国	牛顿的《自然哲学的数学原理》	36% 的世界杰出科学家；40% 的世界杰出成果	科学发展一枝独秀，但高校培养的人才不足
法国	化学家拉瓦锡的《化学基本论述》	40% 的世界重大研究成果	创建了现代工程师教育体系，培养了大批卓越的科学家和工程师，但后期政治对高等教育过度干预
德国	爱因斯坦相对论	19 世纪领军科技，尤其在电磁学有惊人的发明成果	教育、科技、人才三者之间已经有了初步的互动与内嵌，但未形成长效机制，且过分突出教育与实业界的合作与联系
美国	冯·诺依曼计算机技术	领军当今自然科学和高科技	教育、科技、人才三者形成了相互交融、相互促进的生态系统体系

（2）在国家蒙辱、人民蒙难、文明蒙尘的近代中国，教育、科技、人才被仁人志士视为救亡图存的“元问题”。魏源在其著作《海国图志》中提出“师夷长技以制夷”，晚清洋务派兴办学堂、工厂和企业，容闳首次提出“科教兴国”的设想并付诸实践。遗憾的是，这些探索和尝试，因缺乏科学理论指导、正确道路引领而昙花一现。

（3）中国共产党自成立之日起就高度重视教育、支持科技、关爱人才。从“德先生”（民主）和“赛先生”（科学）出发，中国共产党成功创立、开拓了教育、科技、人才事业，从培养造就一大批革命的先锋队，科技服务革命斗争和生产，到大规模扫除文盲，向各行各业输送了数以千万计素质较好的劳动者，全党全国“向科学进军”，再到恢复高考，尊重知识、尊重人才，提出“科学技术是第一生产力”，在革命、建设、改革史上留下一个个清晰、坚定的脚印。

（4）中国特色社会主义进入新时代，习近平总书记统筹中华民族伟大

复兴战略全局和世界百年未有之大变局，以强大的历史自信和历史主动，强调要坚持教育优先发展、科技自立自强、人才引领驱动，提出创新是第一动力，全面实施创新驱动发展战略，深化了党对教育科技人才“三位一体”的规律性认识，指明了中国式现代化建设的动力源泉和力量所在，推动我国教育、科技、人才事业取得历史性成就、发生历史性变革，呈现出蓬勃生机和旺盛活力。

2.1.3　政策演进与发展

1. 教育、科技、人才部署的单一期（社会主义革命和建设时期）

社会主义革命和建设时期，党的教育、科技、人才部署偏向单一分离。在延安时期，我党就高度重视教育、科技、人才工作，对远道而来的知识分子采取团结尊重的态度，政治上一视同仁，工作上大胆使用，生活上关心照顾。1949 年，《中国人民政治协商会议共同纲领》中明确规定，“人民政府的文化教育工作，应以提高人民文化水平，培养国家建设人才，肃清封建的、买办的、法西斯主义的思想，发展为人民服务的思想为主要任务。”《共同纲领》指出，“努力发展自然科学，以服务于工业农业和国防的建设”。1950 年，毛泽东同志在《人民教育》创刊号上题词：“恢复和发展人民教育是当前重要任务之一”。1958 年，《中共中央、国务院关于教育工作的指示》明确提出，“教育的目的，是培养有社会主义觉悟的有文化的劳动者”，以及具体的教育方针和原则，是中央对于教育工作部署的重要里程碑。在人才方面，毛泽东同志在 1956 年中共中央召开的关于知识分子问题会议上号召全党努力学习科学知识。但是，彼时的教育、科技、人才工作还是平行部署、单独成线、相互分割，中国高等教育体系初步创建，实行“全面学苏”政策，效仿苏联高等教育和科学研究相互分离的体制。因此人才培养是当时大学唯一的任务，科学研究则由独立设置的科研院所承担。我国传统的高等教育深受苏联大学模式的影响，实行科教分离政策。由于中华人民共和国成立后，我国面临着西方国家技术与经济的双重封锁，党中央通过大规模的“院系调整”培养符合社会主义建设需要的专业人才，以钱学森为代表的一大批留学海外的科技人才在祖国的感召下回国投身祖国的科技事业，科技工作者在党中央“向科学进军”的号召下先后取得了人工全合成结晶牛胰岛素、“两弹一星”等重大科技成果。

2. 教育、科技、人才部署的交汇期（改革开放时期）

改革开放时期，党的教育、科技、人才部署逐渐走向双向交叉。1977年，邓小平同志在科学和教育工作座谈会上提出："我们国家要赶上世界先进水平，要从科学和教育着手"。彼时已经开始重视教育和科技两者间的关系。1995年颁布的《关于加速科学技术进步的决定》首次提出了科教兴国战略，把科技和教育摆在经济社会发展的重要位置，将科技、教育事业深度交叉、一同部署。这一时期，发展教育事业坚持面向现代化、面向世界、面向未来，“尊重知识、尊重人才”成为全社会共识，科技领域则加紧追赶世界先进水平，力求在高科技领域占有一席之地，推动中华民族从“站起来”向“富起来”转变。20世纪末，随着我国“科学技术是第一生产力”和科教兴国战略的提出，科教融合逐渐受到关注，尤其为研究型大学所重视，并被视为人才培养的重要手段和途径。2001年《中华人民共和国国民经济和社会发展第十个五年计划纲要》专章提出“实施人才战略，壮大人才队伍”，首次将人才战略确定为国家战略，纳入经济社会发展的总体规划和布局，将人才事业与科教事业放在同一高度。2010年，全国教育工作会议提出“推动教育事业科学发展，建设人力资源强国，为全面建设小康社会、加快推进社会主义现代化建设提供更有力的人才保证和人力资源支持”，使得教育事业与人才事业交叉交汇，共同服务于社会主义现代化建设。虽然高等学校科学研究水平不断提升，但高等教育的思想和理念并没有随之发生变革。在高等教育思想的顶层，教育仍被视为以传授知识为主的活动，科学研究更多的是定位在提高教师的科研能力和学术水平上，对人才培养的直接作用并不明显。

3. 教育、科技、人才部署的融合期（新时代开局）

21世纪初，我国科教融合进入重要的战略机遇期，呈现出前所未有的发展势头，党中央把教育、科技、人才工作放在优先和突出位置。扎根中国大地办教育，持续推进“世界双一流建设”“强基计划”等改革，以高质量教育培育高素质人才，以高素质人才驱动科技发展，加速实现从“并跑”到“领跑”的转变。自党的十八大以来，中央加快全面深化改革，破除体制机制弊端，教育、科技、人才领域一系列改革全面发力，增强改革的系统性、整体性、协同性，党的教育、科技、人才部署走向深度融合。党的十八大提出“实施创新驱动发展战略”,使科教兴国被赋予“创新驱动”内涵，教育、科技联系更加密切，内涵更为丰富。党的十九大提出“加快建设创新型国家”，深化科技体制改革，培养造就一批具有国际水平和国际视野的人才创新队伍，彰显了国家对科技和人才工作的统筹谋划。2018 年，全国教育大会提出“培养更多创新人才、高素质人才”，明确教育工作的目标是培育人才，将教育工作与人才工作有机结合。2021 年，中央人才工作会议提出“加快建设世界重要人才中心和创新高地，为 2035 年基本实现社会主义现代化提供人才支撑”，给出了具体时间节点，将人才、科技工作具体部署到社会主义现代化建设中，并提升到极为重要的战略地位。此时的教育、科技、人才工作已经走向了深度融合，产生了高度互动。

4. 教育、科技、人才部署的“三位一体”统筹期（党的二十大至今）

党的二十大报告对教育科技人才“三位一体”统筹安排、一体化部署。立足新时代新征程党的历史使命，党中央从突出创新在我国现代化建设全局中的核心地位出发，将教育、科技、人才放在党的二十大报告第五部分进行统筹部署，集中表达。第一次把科教兴国战略、人才强国战略、创新驱动发展战略摆在一起，是一个创新举措，有其深义。这是我国教育、科技、人才全面深化改革的重大措施和战略，既坚持了教育、科技、人才是全面建设社会主义现代化国家的基础性、战略性支撑，又强调了三者之间的有机联系，通过协同配合、系统集成，共同塑造发展的新动能新优势。如何推动教育、科技、人才一体融合发展成为近两年学术界高度重视的战略课题。新时期的教育、科技、人才融合有着全新的内涵，政策导向已由过去的政府指导转化为政府部门共同推动，体现出教育、科技、人才管理体制的重大改革。

党的二十届三中全会进一步提出，“统筹推进教育科技人才体制机制一体改革”“构建支持全面创新体制机制”。这充分体现了以习近平同志为核心的党中央对创新本质和规律的深刻洞察，充分体现了以改革促创新促发展的鲜明导向和工作方法，凸显了教育、科技、人才在强国建设、民族复兴伟业中的重要战略地位，也彰显了党中央以更大力度加快建设教育强国、科技强国、人才强国的决心和气魄。党的二十届三中全会通过的《中共中央关于进一步全面深化改革、推进中国式现代化的决定》(以下简称《决定》)对于教育、科技、人才三方面的改革是有聚焦点的，但改革侧重点又有所不同。关于教育领域，突出的是教育综合改革。关于科技领域，突出的是科技体制的改革。《决定》也提到科技领域的机制改革，但相对而言，科技领域的体制改革比机制改革更为关键，发挥的积极作用更加持久。关于人才领域，突出的是人才发展体制机制的改革。这说明，教育、科技、人才三个紧密关联、相互支撑的关键领域的改革需要统筹设计，以制度建设为主线，健全新型举国体制，为教育、科技、人才一体改革提供有力的体制机制保障。同时，必须清醒认识到，每个领域都有各自的改革难点和堵点、改革任务和目标。

从政策演进看，国家的总体部署呈现出一脉相承和与时俱进的特征。1978 年以来教育、科技、人才相关的政策演进与发展见表 2-2。

表 2-2 1978 年以来教育、科技、人才相关的政策演进与发展

年份	会议或文件	政策要点
1978	全国科学大会	邓小平发出“向科学技术现代化进军”的号召，明确提出“四个现代化，关键是科学技术现代化”
1981	原国家科委《关于我国科学技术发展方针的汇报提纲》	指出“科学技术与经济、社会应当协调发展，并把促进经济发展作为首要任务”
1985	中共中央《关于科学技术体制改革的决定》	提出“经济建设必须依靠科学技术、科学技术工作必须面向经济建设”
1985	中共中央《关于教育体制改革的决定》	提出“教育必须为社会主义建设服务，社会主义建设必须依靠教育”。要求教育与社会实际相结合，提倡走产教结合的道路
1991	国务院《关于大力发展职业技术教育的决定》	要求各类职业技术院校和培训中心应按照教学需要和所具有的条件，积极发展校办产业，办好生产实习基地；明确提出“产教结合，工学结合”。“产教结合”首次在教学层面被明确提出
1993	中共中央、国务院《中国教育改革和发展纲要》	提倡联合办学，走产教结合的路子，逐步做到以厂（场）养校
1995	中共中央、国务院《关于加速科学技术进步的决定》	首次提出在全国实施科教兴国的战略，提出坚持科学技术是第一生产力的思想，要把基础性研究和人才培养结合起来，鼓励科研院所和高等学校的研究工作相互结合

续表

时间	会议或文件	政策要点
1995	党的十四届五中全会	把实施科教兴国战略列为今后 15 年乃至更长时期加速中国社会主义现代化建设的重要方针之一
1996	《中华人民共和国职业教育法》	提到“职业学校、职业培训机构实施职业教育应当实行产教结合，为本地区经济建设服务，与企业密切联系，培养实用人才和熟练劳动者”
1998	教育部《面向 21 世纪教育振兴行动计划》	明确“职业教育和成人教育要走产教结合的道路，调整学校布局，优化资源配置”
2006	《国家中长期科学和技术发展规划纲要（2006—2020 年）》	建设科学研究与高等教育有机结合的知识创新体系。以建立开放、流动、竞争、协作的运行机制为中心，促进科研院所之间、科研院所与高等院校之间的结合和资源集成
2012	党的十八大	提出“创新驱动发展战略”，把教育和科技创新放在优先发展的突出位置
2013	中共中央《关于全面深化改革若干重大问题的决定》	提出“加快现代职业教育体系建设，深化产教融合、校企合作”
2015	《中共中央 国务院关于深化体制机制改革加快实施创新驱动发展战略的若干意见》	提出“探索科教结合的学术学位研究生培养新模式，扩大专业学位研究生招生比例，增进教学与实践的融合”
2017	党的十九大	进一步在教育、科技、人才三者发展的重点定位方面进行具体部署，明确了建设教育强国是中华民族伟大复兴的基础工程，创新是引领发展的第一动力
2017	中共中央办公厅、国务院办公厅《关于深化教育体制机制改革的意见》	明确提出“深入推进协同育人，促进协同培养人才制度化，深化科研体制改革”
2022	党的二十大	提出“深入实施科教兴国战略、人才强国战略、创新驱动发展战略”，专章阐述“实施科教兴国战略，强化现代化建设人才支撑”，将科教兴国战略、人才强国战略、创新驱动发展战略一体谋划部署
2023	中央全面深化改革委员会第二次会议	会议强调，要把推动高校教师、科研人员薪酬分配制度改革作为统筹推进教育、科技、人才事业发展的重要抓手
2024	党的二十届三中全会《中共中央关于进一步全面深化改革、推进中国式现代化的决定》	在党的二十大基础上，对统筹推进教育科技人才体制机制一体改革作出接续部署，为健全完善具有中国特色的创新驱动发展体系和人才发展治理体系明确方向

当前，世界之变、时代之变、历史之变正以前所未有的方式展开。教育、科技的内外部环境已经发生了巨大、深刻且生动的变化，必须准确识变、科学应变、主动求变。只有紧扣教育、科技、人才三大领域一体改革，以更大力度办教育、兴科技、育人才，才能加快形成面向未来的创新型经济结构和发展模式，才能在大变局的时代，以教育之力推动党和国家事业大力发展，不负党和人民的期待。

2.2 教育科技人才“三位一体”的战略意义

教育、科技、人才是深度关联、互为依存、相互作用的有机整体，教育、科技、人才一体化推进，是百年大党波澜壮阔的奋斗历程特别是新时代治国理政伟大实践的深刻经验总结，也是实现党和国家事业兴旺发达、长治久安的深远考量和战略部署。

2.2.1 关乎国家和民族发展的长远大计

全党全国各族人民正在为全面建设社会主义现代化国家、实现中华民族伟大复兴的中国梦而团结奋斗，我们比以往任何时候都更加需要符合中国国情和发展需要的教育、更加离不开强大的科技创新力量、更加渴求卓越人才。教育强国、科技强国、人才强国，是不断推进和拓展中国式现代化、全面建成社会主义现代化强国的应有之义。无论是加快建设制造强国、质量强国、航天强国、交通强国、网络强国、海洋强国、贸易强国、文化强国、体育强国、农业强国，还是扎实推进美丽中国、法治中国、平安中国、健康中国、数字中国建设，都离不开教育强国、科技强国、人才强国的坚实支撑。

改革开放以来特别是党的十八大以来的实践证明，全面建设社会主义现代化国家、推进中华民族伟大复兴，基础在教育、关键是科技、归根结底靠人才。截至 2024 年 7 月，我国已建成世界规模最大的教育体系，各级教育普及程度已达到或超过中高收入国家平均水平，新增劳动力平均受教育年限超过 14 年；高等教育毛入学率超过 60%，已进入世界公认的普及化阶段；接受过高等教育的人口已经达到 2.5 亿，已成为名副其实的教育大国。未来努力的方向，是变教育大国为教育强国。没有教育的高质量发展，就很难培养出战略科学家、一流科技领军人才、卓越工程师、大国工匠、高技能人才和青年科技人才，也无法聚集高水平创新人才形成规模宏大、结构合理、素质优良的创新型人才队伍。全面建设社会主义现代化国家已经进入开局起步的关键时期，中华民族伟大复兴已经进入不可逆转的历史进程，这为教育、科技、人才事业发展提供了历史性机遇、奠定了坚实基础、创造了有利条件。新时代新征程摁下了全面推进中华民族伟大复兴的“快捷键”，但民族复兴绝不是轻轻松松就能实现的，我们必须准备付出更为艰巨、更为艰苦的努力。时代越是向前，教育、科技、人才的重要性就愈发凸显，教育、科技、人才一体化推进的地位和作用就愈发显要。

2.2.2　在国际竞争中赢得战略主动的必然要求

纵观人类文明发展历程，世界教育中心的转移，总是与世界人才中心的转移、世界科学中心的转移相生相伴、相辅相成。17 世纪的英国、18 世纪的法国、19 世纪的德国、20 世纪的美国都是兴办了一批世界著名大学，汇聚了一批顶尖科学家，产生了一批重大科技创新成果，才进而引领世界近现代化发展进程的。这背后的逻辑是高等教育的繁荣发展不断吸引和造就引领世界科技前沿和文明发展潮流的顶尖人才，推动新的世界科学中心不断形成，而新的世界科学中心的形成，又重塑着高等教育模式和前沿科技成果，于是，一大批世界一流大学和世界一流企业应运而生。教育、科技、人才高度融合、一体化发展，不仅使三者自身越来越强大，而且强力带动整个国家各项事业发展壮大。教育、科技、人才一体化发展日益成为全球共识。大国发展史表明，教育孕育未来、科技彰显实力、人才是战略资源，三者的协同配合对提升综合国力至关重要。

党的十八届三中全会以来，我国深化科技体制改革，建立健全了鼓励原始创新、集成创新、引进消化吸收再创新的体制机制，发挥了市场对技术研发方向、路线选择、要素价格、各类创新要素配置的导向作用，迅速提升了自主创新能力，成功进入创新型国家行列。进入新时代以来，我国科研投入逐年递增，在2023年全球创新指数排名中跃升到第12位。2012～2023年，全国研究与试验发展经费支出从1.03万亿元增长到3.3万亿元，位居世界第二；研究与试验发展经费投入强度从1.98%增长至2.65%。研发人员总量由2012年的324.7万人提高到2022年的635.4万人，稳居世界首位。2023年，我国拥有的全球百强科技创新集群数量、国内有效发明专利量、国际专利申请量、各学科最具影响力期刊数量和科研论文产出量均位居世界第一。我国已建成全球最完整、规模最大的研发体系和工业体系，科技进步贡献率超过60%。科技创新成效日渐显现，深刻改变了世界科技发展格局。我国在航空航天、量子、核电、新能源等关键核心技术领域取得一系列重大原始创新成果，推动战略性新兴产业占经济总量的比重迅速上升。自主原创高新技术促使传统行业加快转型升级，未来产业加速布局建设，以第四代核电站、6G卫星、C919大飞机、国产大型邮轮、数字农业、工业智能制造、自动驾驶与智能网联汽车为代表的新兴产业迅猛崛起。

在取得重大成就的同时，我们仍应该清醒认识到，当前我国“关键核心技术受制于人的局面没有得到根本性改变”，科技创新能力还不适应高质量发展的要求。在有些非常重要的领域，我们的领先优势尚不明显、不够牢固。在另外一些领域，我们与世界先进水平相比还存在较大差距，甚至还存在短板、弱项，还受制于人。因此，在全球科技竞争空前激烈、在世界主要国家加速抢占未来发展制高点的格局中，迫切需要进一步全面深化改革，通过科技创新为中国式现代化注入强劲动力。面对美西方制造的去全球化与脱钩断链风险，我们唯有自立自强，才能将发展的命运牢牢掌握在自己手里。

当前，大国博弈日趋激烈，全球经济下行压力仍在加大，贸易战、科技战、舆论战不断升级。在此背景下，我们必须以更高远的历史站位、更宽广的国际视野、更深邃的战略眼光，提高对教育的基础性、先导性、全局性地位和作用的认识，对科技竞争犹如“逆水行舟，不进则退”的认识，对人才竞争在综合国力竞争中决定性作用的认识。在新的历史起点上，我们必须向着更高水平、更高目标，以更大的力度、更实的举措，确保教育、科技、人才一体化推进，使我国拥有教育发展优势、科技比较优势、人才竞争优势，从教育、科技、人才的大国迈向教育、科技、人才的强国，在百年变局加速演进中把握主动、赢得未来。

2.2.3　推动经济社会高质量发展的大势所趋

我国是世界上最大的发展中国家，发展是解决我国所有问题的关键，也是中国共产党执政兴国的第一要务，高质量发展是全面建设社会主义现代化国家的首要任务。从全球范围和我国实际看，教育、科技、人才同经济社会发展加速渗透融合，越来越成为推动经济社会发展的主要力量。教育、科技、人才一体化推进，是推动经济社会高质量发展的迫切要求和强大驱动力，充分体现了我们党对教育规律、科技发展规律、人才成长规律，教育、科技、人才工作内在规律，以及经济社会发展规律的高度遵循、深刻认识和巧妙运用。

教育是国之大计、党之大计，决定着科技创新的高度和人才培养的质量。必须始终把教育摆在优先发展的战略位置，把优先发展教育事业作为推动党和国家各项事业发展的重要先手棋，不断使教育同党和国家事业发展要求相适应、同人民群众期待相契合、同我国综合国力和国际地位相匹配。经济社会发展将更多依靠科技进步，抓住了科技创新就抓住了牵动我国发展全局的“牛鼻子”。必须坚持走中国特色自主创新道路，坚持面向世界科技前沿、面向经济主战场、面向国家重大需求、面向人民生命健康，加快实现高水平科技自立自强，打通从科技强到产业强、经济强、国家强的通道。人才越来越成为推动经济社会发展的战略性资源。必须全方位支持人才、帮助人才，千方百计造就人才、成就人才，择天下英才而用之，加快建设世界重要人才中心和创新高地，加快形成有利于人才成长的培养机制、有利于人尽其才的使用机制、有利于人才各展其能的激励机制、有利于人才脱颖而出的竞争机制，为推动经济社会高质量发展培育和凝聚各类优秀人才。

立足新发展阶段、贯彻新发展理念、构建新发展格局、推动高质量发展，必须从全局性、战略性、前瞻性的高度认识教育、科技、人才一体化推进的重大作用和基本特点，把科技作为推动发展的第一生产力、人才作为支撑发展的第一资源、创新作为引领发展的第一动力，并使三者更好地结合起来，形成有利于经济社会高质量发展的坚实基础、不竭动力、智力支持。这要求继续坚持教育优先发展、科技自立自强、人才引领驱动，确保科教兴国战略、人才强国战略、创新驱动发展战略的持续性联动和高度协同，努力实现更高质量、更有效率、更公平、更可持续、更安全的发展，开创经济社会发展新局面。

2.2.4 加快培育形成新质生产力的重要内容

20 世纪 90 年代我国提出科教兴国战略，进入 21 世纪提出人才强国战略，党的十八大正式提出创新驱动发展战略，党的二十大将教育、科技、人才统筹部署，强调科技是第一生产力、人才是第一资源、创新是第一动力。新质生产力是符合新发展理念的先进生产力质态，具有高科技、高效能、高质量特征，离不开教育、科技、人才的战略支撑。发展新质生产力，就要畅通教育、科技、人才的良性循环，加强教育、科技、人才工作的统筹联动发展。

从发展规律看，统筹教育、科技、人才具有客观必然性。教育是基础，科技是关键，人才是根本，三者相辅相成、相互促进，共同构成新质生产力的核心要素，是社会主义现代化建设的基础性、战略性支撑。

从国际经验看，统筹教育、科技、人才是赢得国际竞争的决胜因素。在世界现代化进程中，社会发展的每一次飞跃都离不开科技的突破、教育的推动和人才的支撑。意、英、法、德、美等发达国家都是在成为世界教育中心、人才中心和科学中心的基础上建成世界强国的，世界人才中心、科学中心、教育中心往往是重合的。面对日益激烈的国际竞争，必须将教育、科技、人才战略联动起来，以教育强支撑人才强，以人才强支撑科技强，以科技强支撑发展强，为推动中国式现代化发展提供持久强大动力。因此，教育科技人才“三位一体”是加快培育形成新质生产力的重要内容。

2.3 教育科技人才“三位一体”的内在机理

习近平总书记指出:“科技创新靠人才，人才培养靠教育，教育、科技、人才内在一致、相互支撑。”教育、科技、人才的“三位一体”，从本质上要求我们在推动改革时进行系统谋划、协同布局，使教育、科技、人才三方面的改革相互配合，协调发展。

2.3.1 三大战略的统筹推进

科教兴国战略、人才强国战略、创新驱动发展战略都是党中央提出的需要长期坚持的国家重大战略，也都是事关现代化建设高质量发展的关键问题。党的二十大报告指出“必须坚持科技是第一生产力、人才是第一资源、创新是第一动力，深入实施科教兴国战略、人才强国战略、创新驱动发展战略。”深入剖析可见，科教兴国战略、人才强国战略、创新驱动发展战略的内在机理体现了教育与科技、教育与人才、科技与人才之间的内在联系。

1. 深入实施科教兴国战略

1995 年，中共中央、国务院作出《关于加速科学技术进步的决定》，首次提出实施科教兴国战略，把科技和教育摆在经济社会发展的重要位置。党的十九大报告将科教兴国战略确定为决胜全面建成小康社会需要坚定实施的七大战略之一。一路走来，党和国家出台一系列重大决策部署，不断丰富科教兴国战略的内涵要义，推动教育面貌发生格局性变化，科技事业取得举世瞩目的成就。深入实施科教兴国战略，不仅有利于持续提升国民整体知识水平和文化素质，推动社会主义精神文明建设迈向更高水平，还有利于进一步增强中华民族所蕴藏的巨大创新潜能与创造活力，推动经济社会高质量发展。

2. 深入实施人才强国战略

2001 年发布的《中华人民共和国国民经济和社会发展第十个五年计划纲要》将人才战略确立为国家战略。党的十八大以来，以习近平同志为核心的党中央把人才工作摆在党和国家事业全局中更加重要的位置，突出强调“人才是第一资源”，作出全方位培养、引进、使用人才的重大部署，有力推动了人才队伍快速壮大、人才效能持续增强、人才比较优势稳步提高，为党和国家事业取得历史性成就、发生历史性变革提供了强有力的人才支撑。党的二十大报告强调“培养造就大批德才兼备的高素质人才，是国家和民族长远发展大计”，准确把握我国经济社会高质量发展需要和人才竞争新态势，将人才强国战略与科教兴国战略、创新驱动发展战略集中论述，鲜明提出“强化现代化建设人才支撑”，并做出专题部署。这是在更高起点、更高层次、更高目标上对人才强国战略作出的顶层设计，为加快建设人才强国锚定了新坐标、树立了新标杆、描绘了新愿景。

3. 加快实施创新驱动发展战略

2006 年召开的全国科技大会提出建设创新型国家战略。党的十八大以来，以习近平同志为核心的党中央坚持创新发展理念，把科技创新摆在国家发展全局的核心位置，不断推进理论创新、制度创新、科技创新、文化创新等各方面的创新，让创新在全社会蔚然成风。从提出实施创新驱动发展战略，到把创新放在新发展理念之首，到指出创新是引领发展的第一动力，再到坚持创新在我国现代化建设全局中的核心地位，表明我们党对创新驱动发展重要性的认识不断深化。新征程上，贯彻新发展理念，构建新发展格局，推动高质量发展，必须增强创新这个第一动力，把科技自立自强作为国家发展的战略支撑，完善科技创新体系，加快建设世界科技强国，以科技创新赢得国家发展的主动。

科教兴国、人才强国的核心要义是以拔尖创新人才为生力军，引领国家在基础科学前沿领域和高端技术领域取得重大突破，全面提升科技自主创新能力，将我国建设成为世界科学技术创新高地、思想高地，把握和引领世界科学技术发展的方向，从而在新一轮科技革命和产业变革中抢占先机。而实施人才强国和科教兴国战略的本质要求就是坚持创新驱动发展战略，创新驱动激发人才潜能，人才涌现推动科技创新，科技发展催生新的创新需求，三者循环共生，具有内在的一致性。

实践证明，科教兴国战略、创新驱动发展战略、人才强国战略是紧密联系、相互支撑的。唯有加快建设教育强国，才能为建设科技强国、人才强国涵养源头活水；唯有加快建设科技强国，才能充分释放科技这个“第一生产力”、激活创新这个“第一动力”；唯有加快建设人才强国，才能为科技创新提供人力资源保障。这深刻揭示了教育是基础、科技是关键、人才是根本的三位一体、循环促进的战略关系。

2.3.2 “三位一体”的互促逻辑

教育科技人才“三位一体”协同推进高质量发展的新格局日益清晰。

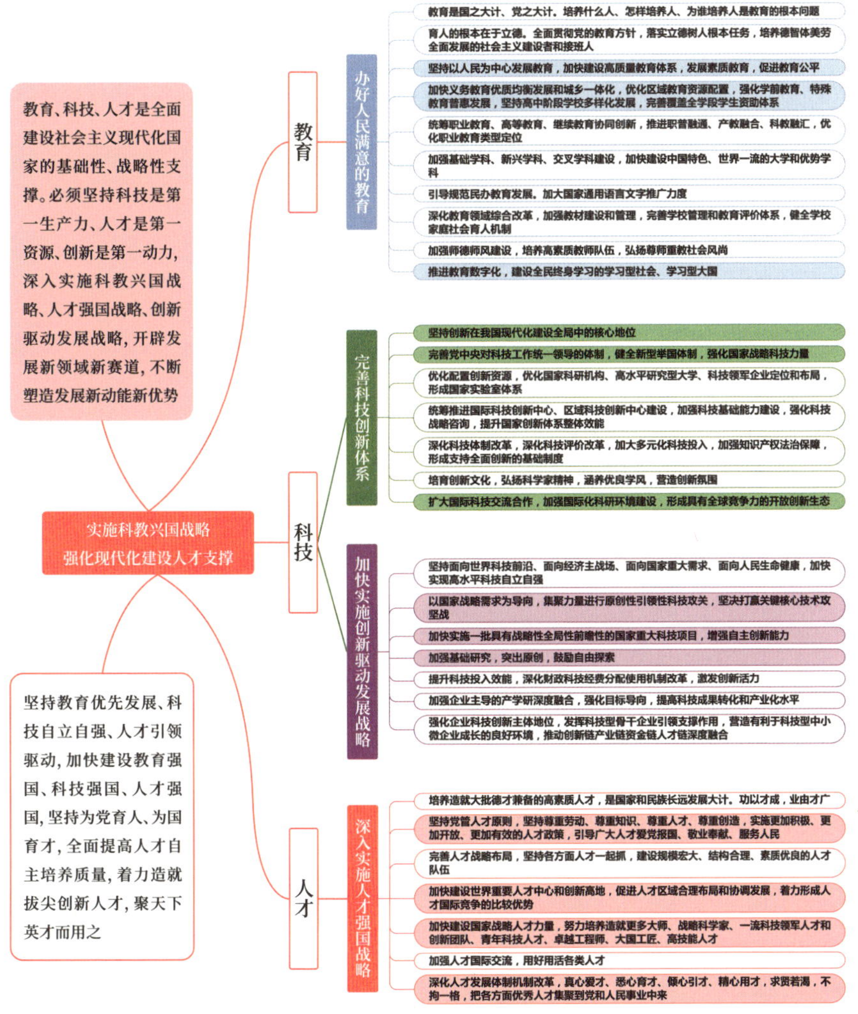

图 2-2　教育科技人才“三位一体”推进的思维导图

要统筹好三者关系，共同形成合力，需要全面、准确、系统地把握它们之间的互促逻辑。在这个过程中，教育是基础、科技是关键、人才是根本，三者相互促进、相辅相成，共同助推强国建设。教育科技人才“三位一体”协同推进就是要充分释放教育、科技、人才的内部要素效能，发挥系统效能，以高水平耦合实现高质量发展。教育科技人才“三位一体”推进的思维导图如图 2-2 所示。

1. 教育是“三位一体”机制的前提与基础

教育是国之大计、党之大计。党的十八大以来，习近平总书记围绕培养什么人、怎样培养人、为谁培养人这一根本问题，提出一系列新理念新思想新战略，对擘画教育强国建设的宏伟蓝图、搭建我国教育现代化的“四梁八柱”，提供了重要遵循和行动指南。同时，教育也是科技创新的重要阵地，离开了教育发展，科技和人才便失去了基础性支撑。近代以来，意大利、英国、法国、德国、美国先后成为世界教育中心。发展高质量的教育、形成强大的科技创新能力、建设一支高水平的科技人才队伍，是一个国家成为世界教育中心、世界科学中心及世界人才中心的有效路径。我国要成为世界科学中心和人才中心，就必须加快建设中国特色、世界一流的大学和优势学科，打造世界一流创新高地，从而成为世界教育中心。因此，必须坚持教育优先发展，通过教育培养创新型人才，通过科技创新和技术进步建设创新型国家。

2. 科技是“三位一体”机制的支撑与动力

科技是国家强盛之基。科技的发展为教育提供新的手段和方式，推动教育的现代化、信息化、智能化发展。科技的进步会带来新的人才需求，也会支持和促进人才的成长和发展。坚持科技自立自强，强化现代化建设人才支撑，是中国创新发展的坚实基础。中国式现代化的首要特征是人口规模巨大的现代化，坚持科技自立自强是实现中华民族伟大复兴的必由之路，靠引进、模仿、消化、吸收其他国家的先进科技已经难以适应当下现代化发展的进程。世界主要强国崛起的实践表明，教育、科技、人才是国家兴旺发达的基础性因素，是决定国家实力的战略性资源，是塑造世界产业格局的决定性力量。在加快实施创新驱动发展战略专题，党的二十大报告对于打赢关键核心技术攻坚战、增强自主创新能力等作出了具有全局性、针对性的部署。因此，必须坚持创新驱动，健全新型举国体制，强化基础研究和原始创新，推进关键核心技术攻关，解决“卡脖子”问题，实现高水平科技自立自强。

3. 人才是“三位一体”机制的主体与目的

人才兴则国家兴，人才强则国家强。党的二十大报告提出“深入实施人才强国战略”。加快建设人才强国离不开制度的保障，创新驱动实质上是人才驱动。中国发展需要世界人才的参与，中国发展也为世界人才提供机遇，要加强人才投入，实施积极开放的人才政策，形成天下英才聚神州、万类霜天竞自由的创新局面。因此，要培养和造就创新型科技人才，就必须发挥教育科技人才“三位一体”耦合功能。

综上所述，教育、科技、人才三者目标高度统一、同向而行、一体发展。只有三者有机结合、一体推进，才能形成推动高质量发展的倍增效应。“合抱之木，生于毫末”，教育科技人才“三位一体”耦合机制服务于社会主义现代化国家建设的总体目标（图 2-3）。

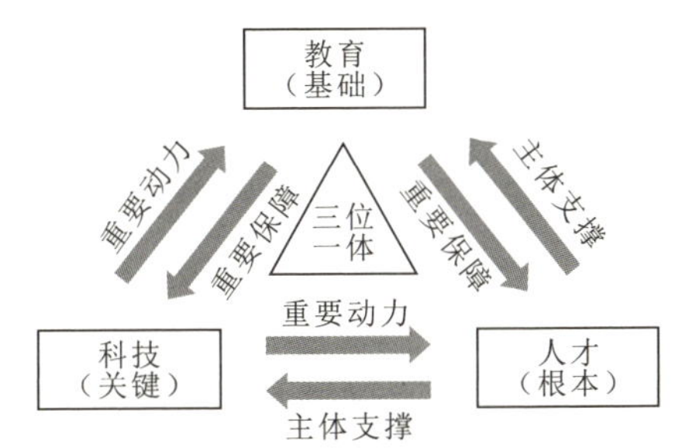

图 2-3　教育科技人才“三位一体”耦合机制

2.3.3 “三位一体”的价值实现

教育、科技、人才一体推进的价值实现，必须找准最大公约数、探寻有效的推进手段。创新是实现三者良性互动的最大公约数、协同是三者一体推进的重要手段。中国共产党的领导是教育科技人才“三位一体”发展的根本保障，是找准公约数、绘就同心圆、释放协同力的领导性力量。为此，教育、科技、人才一体推进的价值实现，必须将党的领导贯穿三者事业发展的全过程和各方面，扎实贯彻党中央有关三者事业发展的各项决策部署。

1. 创新是教育科技人才“三位一体”的最大公约数

科教兴国战略、人才强国战略、创新驱动发展战略是上升到国家层面的三大战略。国家战略是关系国家生存和发展的总方略，必须引起高度重视。重视不能停留在口头上，必须有实实在在的举措，找准战略推进的着力点。这三大战略有一个共同的交叉点，也可以称为战略推进的着力点——创新。三大战略中的任何一个，都离不开创新。创新是教育、科技、人才一体推进的最大公约数。所谓最大公约数，意即创新是教育、科技、人才一体推进价值实现最大的“交集”。创新既然是教育、科技、人才一体推进的关键点，那么就应该着重把握究竟什么是创新。关于创新，其有两个必备的要素。①具有创造性。重复性的劳动活动不能称为创新。②具有有用性。并不是所有的创造性成果都归属于创新的范畴。无用的发明创造无助于教育的发展、科技的进步、人才的培育，亦无助于三者一体推进的价值实现。创新可贵，创新也不易。创新意味着付出、改变与挑战。也正是在这个意义上，人们每当谈及创新时，总是习惯性地在其前面加上“积极”“大胆”“勇于”等形容词。教育、科技、人才一体推进，要求我们既要勇于创新，也要善于创新。勇于创新关涉的是创新意识，解决的是“想不想”的问题；而善于创新关涉的是创新能力，解决的是“能不能”的问题。“想创新”和“能创新”，对于促进教育、科技、人才三者良性互动，都有重要而深远的意义。创新若仅停留在意识层面而缺乏创新的能力与本领，则三者的循环互促很可能是非良性的。有创新的能力而无创新的意识，即可以做但不去为之，非但良性的循环互促无法实现，就连循环互促、融合联动本身，也会受到挑战。

2. 协同是教育科技人才“三位一体”的重要手段

教育、科技、人才一体推进的价值愿景，在于三者交互作用，形成 1+1+1>3 的理想效应。教育、科技、人才一体推进的价值实现，必须找到有效的手段。这一手段就是协同。关于不同要素之间的相互协同，从系统论的角度来看，有两种可能的情况。一种情况是整体功能小于要素相加之和，系统论中将其称为负涌现性；另一种情况是整体功能等于要素相加之和，系统论中将其称为零涌现性。这两种情况都不是一体推进教育、科技、人才的价值愿景。三者一体协同所要达到的效果，是整体功能大于要素相加之和。而要做到这一点，就要从宏观、中观、微观上进行努力。从宏观上看，三者的一体联动与一体推进应有机融入“两个大局”，即中华民族伟大复兴战略全局和世界百年未有之大变局，为在“两个大局”中赢得主动贡献力量；从中观上看，要准确把握并科学处理好三者的协同关系，如科教兴国战略要处理好科技和教育一体协同、人才强国战略要处理好教育和人才一体协同、创新驱动发展战略要处理好科技和人才一体协同；从微观上看，在三者协同的机制上，要不断“拉长板”“补短板”，破除机制上的一些障碍，以“支持机制”促使三者融合为一体推进的综合体。

3. 党的领导是教育科技人才的“三位一体”发展的根本保障

习近平总书记强调：“中国式现代化，是中国共产党领导的社会主义现代化”“党的领导直接关系中国式现代化的根本方向、前途命运、最终成败”“党的领导决定中国式现代化的根本性质”“党的领导确保中国式现代化锚定奋斗目标行稳致远”“党的领导激发建设中国式现代化的强劲动力”“党的领导凝聚建设中国式现代化的磅礴力量”。党的全面领导是中国式现代化的必然要求，是实现教育、科技、人才一体化发展的根本保证。党的全面领导保证教育、科技、人才事业始终朝着正确方向发展。推进教育、科技、人才一体化发展，必须将党的领导贯穿教育、科技、人才事业发展的全过程和各方面，深入扎实贯彻党中央关于教育、科技、人才事业发展的各项决策部署。通过加强党的政治领导，确保教育、科技、人才工作始终能把准大局、找准方向、精准定位。通过加强党的组织领导，在全社会构建起符合教育、科技、人才事业自身发展规律的体制机制。通过加强党的思想领导，发挥党“总揽全局、协调各方”的优势，统筹调动各方面因素，不断改革和创新，激发教育、科技、人才事业发展的内在动力。党的全面领导是一体化推进教育强国、科技强国、人才强国建设的强大力量。教育、科技、人才一体化具有系统性、复杂性、长期性和艰巨性的特点。以教育、科技、人才一体化推进中国式现代化需要充分发挥党的领导这一中国特色社会主义制度的最大优势。加强党的全面领导，充分发挥集中力量办大事这一新型举国体制优势，集中资源，重点支撑教育、科技、人才事业发展，确保教育、科技、人才核心要素及关键环节的创新和突破，促进教育、科技、人才一体化同步高质量发展。加强党的全面领导，充分发挥国家治理的运行机制优势，推动从中央至地方各级政府一体化行动，促进教育、科技、人才与其他相关部门协同行动，减少影响教育、科技、人才一体化发展的外部阻力，弥合内部张力。

2.3.4 “三位一体”的现实困境

1. 教育、科技、人才跨部门协同存在障碍和壁垒

在中央和地方管理体制中，教育、科技、人才隶属不同的国家部委和地方职能部门，有着各自的目标任务、组织体系和政策措施。教育、科技、人才跨部门协同可能存在目标不一致、信息不对称、政策不共融现象，制约了创新要素的良性循环，使得高校人才较难满足科技创新和产业发展需求，人才政策等资源也配置不到高校。科技人才在高校、科研院所与企业之间流动不畅，也限制了人才第一资源价值的充分释放。

2. 教育、科技、人才跨系统协同存在延缓滞后

现行教育体系下，人口红利转化为人才红利的时间周期较长，但科技发展是瞬息万变的，导致教育较难及时响应快速变化的科技环境。科教、产教融合“合而不深”，高等教育和职业教育未能把科技界和产业界的关键问题及时转化为人才培养的内容。学科线性分割和人才培养的单一知识结构，滞后于新一轮科技和产业革命对具备数字素养和国际视野的交叉复合创新人才的需求。企业、高校和科研院所之间的合作还缺乏长效激励机制，在知识产权归属、利益分配和成果共享，以及人才引、育、用、留等方面可操作性细则不够,科技成果存在“不敢转”“不想转”“不会转”“缺钱转”等问题。

3. 教育、科技、人才跨区域协同存在区域失衡

教育、科技、人才一体化发展需要坚持全国一盘棋，但受地理区位、

资源禀赋等因素影响，各区域的教育、科技、人才协同水平不一，区域间的梯度落差比较明显，形成了不同形态、不同程度的“木桶效应”，进一步制约了各区域教育、科技、人才一体化发展。同时，区域间的引才政策不断推陈出新，“抢人大战”愈演愈烈，使得人才与教育、科技协同的不稳定性增加。

2.4　教育科技人才“三位一体”的四个关键

当代中国正在经历人类历史上最为宏大而独特的实践创新，改革发展稳定任务之重、矛盾风险挑战之多、治国理政考验之大都前所未有，提出了大量亟待回答的理论和实践课题。习近平总书记指出：“我们必须坚持解放思想、实事求是、与时俱进、求真务实，一切从实际出发，着眼解决新时代改革开放和社会主义现代化建设的实际问题，不断回答中国之问、世界之问、人民之问、时代之问，作出符合中国实际和时代要求的正确回答，得出符合客观规律的科学认识，形成与时俱进的理论成果，更好指导中国实践。”教育、科技、人才一体化发展是关乎当下、关乎全局、关乎未来的重大理论和实践课题。我们亟需深化对教育、科技、人才及其相互关系的认识，牢牢把握教育科技人才“三位一体”的四个关键点。

2.4.1　逻辑贯通

逻辑贯通是推进教育、科技、人才一体化发展需要解决的第一个重要问题，是“总开关”。习近平总书记指出：“改革开放的过程就是思想解放的过程。没有思想大解放，就不会有改革大突破。”思想是行动的先导，思想贯通则行动坚定。而逻辑贯通是思想贯通的前提，只有逻辑上贯通了，才能使思想上的通透成为可能，从而使人们的思想与行动更加自觉。逻辑贯通就是把内在联系、基本道理打通，这里需要解决的逻辑问题有三个：①教育、科技、人才三者之间的联系；②三者一体化发展与人类历史发展的关系；③三者一体化发展与中华民族伟大复兴的关系。

如何做到逻辑贯通？最有效的办法是学习，通过学习提高认识，打通思想脉络。学习的重点是什么？答案是习近平新时代中国特色社会主义思想，尤其是习近平总书记关于教育、科技、人才一体化发展的系列重要论述。通过学习，深入理解教育、科技、人才之间的内在逻辑。教育是人才培养的基石，人才是科技创新的主体，科技创新是社会生产力发展的动力，三者皆是综合国力竞争的关键要素。通过学习，深刻把握教育、科技、人才一体化发展的时代大势。通过学习，清醒认识教育、科技、人才一体化发展对强国建设、民族复兴伟业的重大战略意义。"教育、科技、人才一体化发展—催生新质生产力—推动高质量发展—实现中华民族伟大复兴"，这是一条清晰的逻辑链条。逻辑上贯通了，思想上才能贯通，行动上才将更加清醒、自觉、坚定。

2.4.2 政策融通

政策融通是推进教育、科技、人才一体化发展需要解决的第二个重要问题，也是根本性保障。这里的政策融通，就是在政策层面给予教育、科技、人才良性循环和一体化发展最坚决有力的支持，消除教育、科技、人才一体化发展的壁垒和障碍。我们有党的坚强领导、新型举国体制、集中力量办大事等显著优势，还有对教育、科技、人才一体化发展的深刻理解、强烈渴望。通过全面深化改革，通过不断创新发展，从而实现教育、科技、人才一体化发展所需要的政策融通。

政策融通是在宏观、中观、微观三个层面的融会贯通。在宏观层面，出台大力支持教育、科技、人才一体化发展的政策措施，发挥新型举国体制优势，完善国家创新体系，强化协同作用，统筹推进教育、科技、人才一体化综合改革，形成教育、科技、人才相互辅助、良性循环、一体化发展新模式。加快相关立法进程，进一步明确创新平台、创新主体、创新成果转化等方面的法律责任与义务，以法治力量为教育、科技、人才一体化发展赋能。在中观层面，出台大力支持教育、科技、人才一体化发展的具体举措，推进创新链、产业链、资金链、人才链"四链融合"。加强资金整合，强化对重大关键技术攻关项目、重大创新平台、技术创新重点攻关及产业化项目的保障支出。根据产业链布局人才链，根据创新链引导人才链，强大人才链推动产业链。在微观层面，因不同地方情况各异，应因地制宜出台鼓励创新、支持整合的具体实施办法，积极营造支持教育、科技、人才一体化发展的环境，积极创造教育、科技、人才一体化发展的现实条件，使政策真正落地落实，使一体化融通发展环境更加优化。

2.4.3　堵点打通

堵点打通是推进教育、科技、人才一体化发展需要解决的第三个重要问题，也是实践中的难点。习近平总书记指出：“深化科技体制、教育体制、人才体制等改革，打通束缚新质生产力发展的堵点卡点。”当前，教育、科技、人才跨部门协同存在障碍和壁垒。因此，要着力破解教育、科技、人才一体化发展过程中的堵点卡点。

整体上看，教育、科技、人才一体化发展的堵点卡点主要存在于教育、科技、人才三者之间和教育、科技、人才一体化发展与社会期待之间的有效衔接两大方面。就三者之间的有效衔接而言，目前，教育链、人才链与创新链的深度融合还不够，具体卡点主要表现在科技创新向产业创新转化、学科布局与学科建设衔接、拔尖创新人才与专业技术人才互补上。就三者一体化发展与社会期待之间的有效衔接而言，主要堵点是个别干部的主观主义、官僚主义、形式主义等行为对教育、科技、人才及其一体化发展的影响较大，必须高度重视。每个地方、领域或单位所存在的堵点卡点不尽相同，应开展深入调查，以事实来说话，用数据来分析。

2.4.4　要素畅通

要素畅通是推进教育、科技、人才一体化发展需要解决的第四个重要问题，也是目的所在。习近平总书记指出：“推动好一个庞大集合体的发展，一定要处理好自身发展和协同发展的关系”。教育、科技、人才一体化发展是一个由众多要素构成的复杂系统工程，需要纵向有效整合、横向有序衔接、多方主动接力才能实现良性循环。良性循环的本质就是要素畅通。教育、科技、人才三要素之间和三要素与社会各方面之间都是畅通的，才能使三大要素的创新创造热情充分迸发，使整个社会充满生机活力，实现秩序与活力的有机统一。能否有越来越多一流的教育、科技、人才要素顺畅地流向企业，是检验教育科技人才“三位一体”统筹推进成效的关键标准。三大要素的循环是否畅通、畅通程度如何，可以通过以下几个方面来观察：①看社会活力，看教学与科研单位的创新创造热情，看人民群众聚焦发展的决心和程度；②看人才团队的规模、精神状态、成就感、获得感；③看企业发展的内在动力、经济效益、社会贡献；④看人民的精气神、幸福感、安全感。

2.5 教育科技人才“三位一体”的统筹工具

统筹是指围绕国家的战略重点，综合平衡、总体协调各种要素，实现全局效能最优。统筹既是一种宏观调控方法，也是一种国家治理体制。

2.5.1 战略统筹

战略统筹是指在发展目标、发展思路和发展布局上，进行统一规划，协同实施。例如，在技术人才培养方面，面向新兴技术、未来技术、关键核心技术、颠覆性技术，教育、科技和人才布局要配合；在学科建设方面，要加强新兴学科、交叉学科、边缘学科的人才布局。相关规划制定出台以后，还要加强落实、检查和评估等。

2.5.2 资源统筹

资源统筹包括人财物的统筹，其中财指经费，物指科技基础设施和科研装备。其核心是预算统筹，包括总量预算和分项预算的统筹。例如，统筹教育经费、科研经费、人才培养经费预算，公益研究、基础研究、应用研究、开发研究人才的科研经费预算，中央与地方支持人才的经费预算，科研设施和装备的预算，高校和科研机构体系建设的预算，以及科研项目与人才项目的预算等。

2.5.3　政策统筹

政策统筹是指通过财政、金融、奖惩等工具，统筹教育政策、科技创新政策、人才政策，避免政策之间交叉重复或相互矛盾，形成政策合力，发挥乘数效应。例如，经调查发现，我国地方在实施创新券政策时，存在教育、科技、人才政策矛盾的现象：科技政策鼓励科研人员通过创新券项目为中小企业提供研发服务；部分高校倾向于鼓励科研人员承担国家级大项目；收入政策规定的项目管理费较高，导致创新券政策综合效果出现除数效应。

2.5.4　评价统筹

从广义来说，评价统筹属于政策统筹，但评价在人才培养方面有其独特性，可以单独列为一种统筹工具。评价统筹就是在人才评价、科研成果评价、工作绩效评价的标准和导向上进行统筹。当前统筹的重点是高等学校、科研院所、专业机构等科学共同体，要遵循人才成长规律和科研规律，破除行政化、圈子化与平庸化的评价机制，扭转唯核心期刊论文、唯“帽子”、唯“奖项”、唯行政职务的管理方式和资源分配方式，积极探索国际小同行评议、非共识评议、开创性研究评议等先进的评议机制，鼓励科学家自由探索，赋予战略科技人才更大的技术路线决定权、更大的经费支配权、更大的资源调度权。

2.5.5　重大项目统筹

从广义来说，重大项目统筹属于资源统筹，但重大项目在国家创新活动中具有关键作用，也可以单独列为一种统筹工具。重大项目统筹就是国家在安排重大科技项目时，综合配置教育、科技和人才资源；同时考虑项目对科技人才的培养，及时安排科技成果进教材、科技人员进教室、科技活动向社会传播。在这方面，可以参考我国项目、基地、人才统一布局的成功实践，并进一步探索发展。

2.6 教育科技人才“三位一体”的基本载体

教育、科技、人才的一体化推进是复杂的系统工程，涉及多个领域、多个层面和多个主体的协同与配合。这种复杂性和系统性决定了一体化推进不是简单地自发进行，而需要有多个载体来承载和推动一体化过程。

2.6.1 发展一流大学和优势学科

高校拥有最宝贵的高等教育资源，是国家创新体系中基础研究领域的主力军，同时也是重大科技创新突破的人才集聚地。世界一流大学和优势学科的建设是教育、科技、人才三者的交汇点。在2024年全国科技大会、国家科学技术奖励大会、两院院士大会公布的2023年度国家科学技术奖励名单中，由高校牵头的奖励数约占三大奖励总数的2/3，两位国家最高科学技术奖得主李德仁院士和薛其坤院士也都来自高校。

推进教育科技人才体制机制一体改革，要着力建设一流大学和优势学科，把人才培养、科技创新、人才发展真正一体统筹、一体推进。把“双一流”建设做好了，教育强国的皇冠上就有了明珠！2021年，习近平总书记在考察清华大学时强调：“一流大学建设要把发展科技第一生产力、培养人才第一资源、增强创新第一动力更好结合起来”。这就要求在体制机制层面进行深刻变革，把人才培养、科学研究、社会服务三者之间更紧密、更高效地结合起来，改变过往三者相对独立、甚至相互脱节的运行机制，探索建立新的运行机制；在政策支持上更好地统一起来；在资金保障和管理上更加符合争创世界一流的发展要求。“双一流”建设高校要自觉遵循教育发展规律、科技创新规律、人才发展规律，积极探索教育、科技、人才三者一体规划、一体部署、一体推进的有机联动、高效运转的新体制机制，争取实现学科建设新突破，走出一条建设中国特色世界一流大学的新路。

2.6.2　建设大科学装置

大科学装置即通过较大规模资金投入和工程建设的国家重大科技基础设施。这些设施装备在建成后，通过长期的稳定运行和持续的科技活动，可以实现重要的科技目标。大科学装置面向国际科技前沿，根据国家重大需求，为国家科技进步、国防建设与社会经济的发展作出战略性、基础性和前瞻性的贡献。大科学装置由多学科支撑、众多高新技术集成，是支撑基础学科前沿研究和应用技术重大研究的大型公共平台，是国家创新体系中具有强大研发能力和国际竞争能力的大型科研基地。与一般的科学仪器及装备不同，大科学装置产出的是科学知识和技术成果，而不是直接的经济效益，建成后要通过长时间稳定的运行、不断发展和持续的科学活动才能实现预定的科学技术目标。更为重要的是，大科学装置不仅是高水平科研成果的"孵化器"，更是培养创新科技人才的"摇篮"。作为科创基础平台，大科学装置能够在建设及运营的全过程吸引、培养和造就一大批战略科学家和尖端科技人才，展现出强大的人才聚合和培养能力。

2.6.3　设立战略性创新评奖项目

人才是国家创新体系中最核心的主体资源，是跻身创新型国家前列的最积极要素。战略性创新评奖项目是党和国家激励自主创新、激发人才活力、营造良好创新氛围的重要措施，是提高人才创新主动性、积极性的有效举措。兴办面向国家战略需求、企业重大需要的创新评奖项目，让项目成为教育、科技、人才一体化推进的有效抓手，不仅有利于促进科学技术的快速发展，更有利于激发参与人员的内在动力，促进全社会创新文化的形成和发展。目标导向的创新评奖项目以取得创新成果为诉求，围绕清晰、可测量的指标展开，参与成员能够动员自身一切资源优势，破除固有科层进行灵活安排，清晰单一的运行结构形成的稳定性能够最大限度保证项目运转的公平性，激发人员的参与热情和积极性。在强激励模式下的创新评奖项目建设和推进中，参与人员以结果至上、效率优先为行为准则，从而保证项目建设成效。

2.6.4 培育产教融合型企业

高校是从事人才培养、科学研究、社会服务的教育机构，是教育、科技、人才一体推进的培育载体。企业作为产业发展的微观组织类型，是技术飞跃、人才成长的主体，是教育、科技、人才一体推进的创新载体。产教融合型企业作为高校与产业的重要结合点能够对提升应用型人才培养质量、增强吸引力和竞争力起到较强的引领示范作用，两者的融合程度直接反映教育、科技、人才一体推进的配置效率和发展质量。产教融合型企业以校企双赢为前提，以延长教育链、服务产业链、畅通人才链、激活产业链的深度融合、有机衔接为着力点，推动教育、科技、人才、企业高质量服务产业发展，赋予经济发展全新动能。区别于传统单向式的产业，产教融合型企业将原先高校单方为主的人才培养模式转变为校企共同承担，能够极大促进教育域和产业域内的资源优势互补，从供给侧和需求侧两端培养产业需求、企业需要的新型高素质人才，构建产业出题、校企答题、市场阅卷的新型产学研一体化人才培养体系。

2.7 产业、教育、智库“三位一体”融合发展的内在联系与意义

在国家大力推进产教融合的形势下，产业和教育的联系日益密切。作为两个不可分割的领域，产教融合不仅是推动社会发展的重要举措，更成了一个涵盖教育和产业体系的基础制度。近年来，政策文件、新闻报道中产业和教育共同出现的频次很高，但产业、教育和智库三者共同出现却比较“罕见”。2022 年，在教育部与广西壮族自治区举行的部区战略合作第一次会商会议上，教育部部长怀进鹏提出“构建产业、教育、智库‘三位一体’融合平台”，首次将产业、教育、智库摆在一起，进行统筹部署、集中表达。这是一个重大创新，意味深长，内涵深刻。产业、教育、智库作为教育科技人才“三位一体”融合发展的重要内容，其融合发展，不仅

是推进教育科技人才“三位一体”融合的重要举措，也是促进教育链、人才链与产业链、创新链有机衔接，加快实现广西高质量发展的内在要求。

2.7.1　产业、教育、智库的内在联系

产业、教育和智库是深度关联、互为依存、相互作用的有机整体，要推进和实现三者“三位一体”融合发展，必须准确把握三者的内在联系，坚持“系统性、整体性、协同性”理念，对产业、教育、智库实行统筹谋划和协调推进，努力实现产业振兴、教育振兴、智库振兴的三轨并行和同向发力。产业、教育、智库之间存在着辩证统一的关系。教育是培养产业人才和支撑产业发展的重要途径，而产业实践是教育的重要内容，以产业支撑为导向的教育有着更加明确的目标和更加现实的人才应用环境。同时，智库又是教育发展和产业进步的重要推动力。三者相互依存、相互促进，共同推动经济社会的进步和高质量发展（图 2-4）。

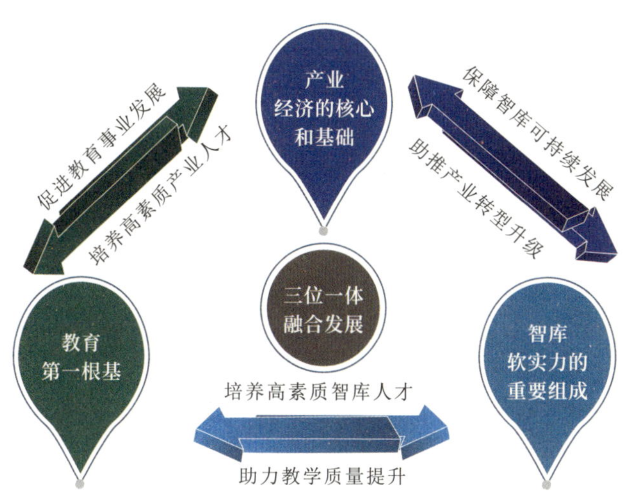

图 2-4　产业、教育、智库“三位一体”关系图

1. 产业是教育振兴和智库发展的引擎和动力

产业兴则经济兴。产业兴才能为教育提供更多的经费支持和保障，才

能为教育提供更多的实践基础和就业机会。因此产业、教育、智库“三位一体”融合发展的基础在于“产”。从教育维度来看，教育方向、教学内容、教学方法和学科专业应根据产业的需求来调整和设置，并以产业为导向培养符合产业需求的人才。从智库维度来看，产业是智库发展的基础和重点服务对象。充分的产业需求是智库作用发挥的重要前提和导向。产业发展进程中暴露的问题越多，智库作用发挥的空间和潜力就越大。在传统产业、新兴产业和未来产业等产业日益多元发展的新时代背景下，各智库结合自身特色和基础遴选出适合发展的产业方向和领域变得尤为重要，这就需要发挥智库研判发展态势的优势和作用，识别遴选出优先发展的产业和领域,识别梳理出现有产业发展过程中“买不来”“必须有”和“卡脖子”的关键核心技术清单。由此可见,产业与智库也是深度关联和互为依存的，产业发展越兴盛，智库的发展空间和前景就越广阔。

近年来广西第一、二、三产业均取得了较快发展，产业结构不断优化，对经济增长的贡献不断提升。2022 年广西第一、二、三产业增加值占地区生产总值的比重分别为 16.2%、34.0% 和 49.8%，对经济增长的贡献率分别为 28.6%、35.6% 和 35.8%（图 2-5）。

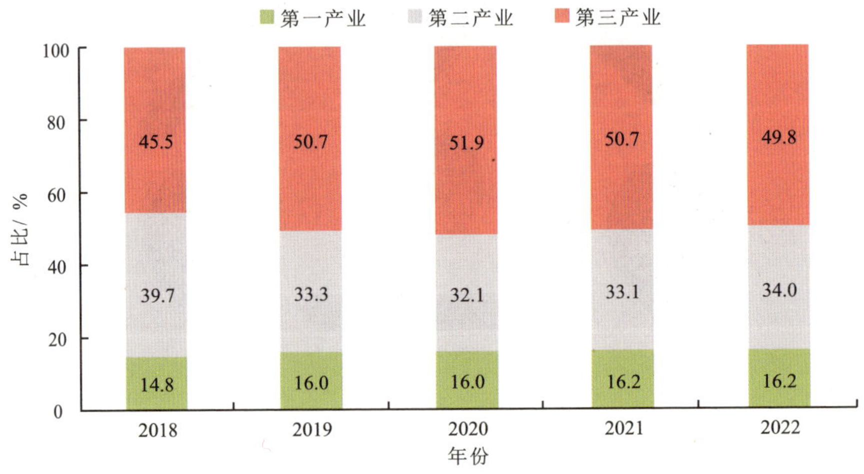

图 2-5　2018 ～ 2022 年广西三次产业增加值占地区生产总值的比重

但总体上看，产业仍是广西高质量发展的最大短板。如何加快产业转型升级发展、全面推进产业振兴是广西现代化进程中必须着力解决的重大现实问题，是全区经济社会高质量发展必须迈过的“坎”。因此，广西必须把产业发展摆在更加突出和优先的位置，将产业、教育、智库进行“三位一体”统筹部署，充分发挥教育和智库对产业高质量发展的支撑和保障作用。

2. 教育是产业振兴和智库发展的根本和保障

教育兴则国家兴，教育强则国家强。习近平总书记指出“建设教育强国，是全面建成社会主义现代化强国的战略先导，是实现高水平科技自立自强的重要支撑，是促进全体人民共同富裕的有效途径，是以中国式现代化全面推进中华民族伟大复兴的基础工程”。现代化的教育体系能够为国家培养具有国际竞争力的高科技人才，为国家经济社会发展和科技进步提供智力支持，进而有力推动国家经济社会高质量发展和国际竞争力的提升。

（1）从产业维度看，教育是产业现代化发展的根基。产业要发展，人才是关键。而教育是产业所需人才的最重要培养途径，高等学校、职业院校及各类教育机构为产业输送了所需的各层次、各类人才，从而有力推进了产业的兴盛发展。但随着新一轮科技革命的加速演进，产业发展对人才的需求越来越大，教育改革将成为事关产业竞争力及发展潜力的重要赛道。此外，教育还可以为产业发展提供方向指引，高校拥有丰富的科研人才和科研资源，通过开展科研活动，可以为产业发展提供最新、最前沿的技术信息和先进的科技成果，引领产业创新发展和转型升级。

（2）从智库维度看，教育是智库发展的根本。智库发展，人才是第一要素。高端研究人才是智库发展最核心的资产。而如何充实科学研究人员、加强智库人才队伍建设？唯有教育，尤其是高等教育。高等教育与智库人才队伍建设目标趋同，是同生共长、相辅相成的关系。因此，将教育尤其是研究生教育纳入智库高端人才培养规划，可为各类智库培养和输送大批决策咨询研究人才，从而促进我国特色新型智库建设目标的实现。

近年来，广西高校毕业生人数与广西地区生产总值、第二产业增加值均呈现同步增长态势（图 2-6）。但人才短缺仍是广西经济社会发展的最大制约。据第七次全国人口普查数据，广西每 10 万人中大学（指大专及以上）文化程度人数占比为 10.81%，排名全国倒数第一位（图 2-7）。因此，广

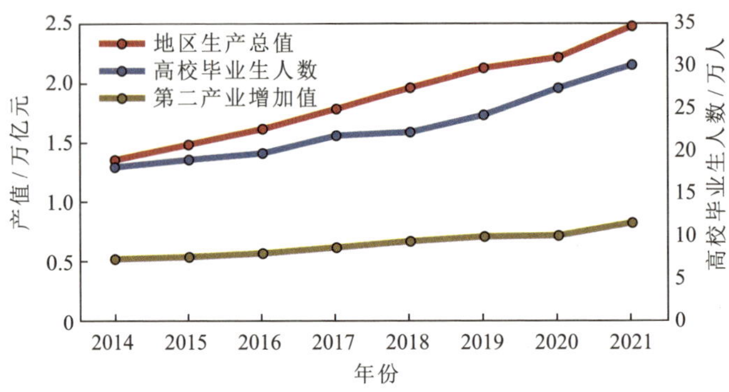

图 2-6　广西高校毕业生人数与地区生产总值、第二产业增加值增长趋势

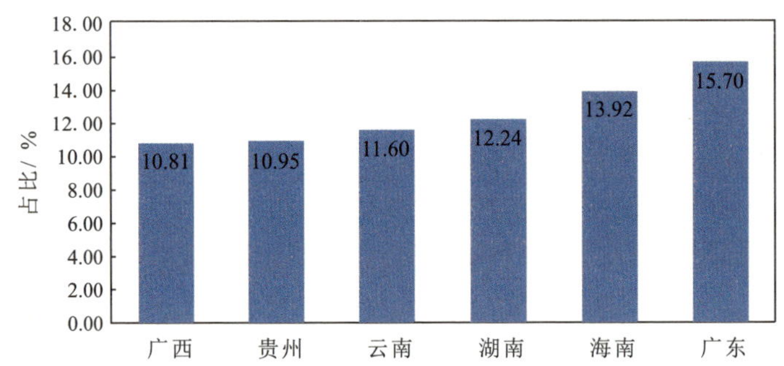

图 2-7　广西与周边省份每 10 万人中大学（指大专及以上）文化程度人数占比情况

西必须践行教育强区战略，大力实施“留桂就业计划”，注重高层次人才的引培，着力在人才队伍建设上实现大突围，这是着眼广西未来 30 ～ 50 年发展的头等大事，也是产业、教育、智库“三位一体”融合发展的基础和保障。

3. 智库是融通教育与产业发展的枢纽和助推器

智库是以经济社会发展需求为导向，以哲学社会科学研究方法和研究工具为基础，以产出高质量决策研究成果和支撑科学决策为目标的专业机构，兼具理论研究、支撑决策、人才培养、科技普及与传播等多重功能，是国家和地区软实力的重要组成部分。国家要实现科学管理和科学决策，离不开智库的基础性支持和战略性支撑。智库也是融通教育、产业与人才的重要枢纽。

从教育维度来看，我国的诸多智库（尤其是高校智库）基本上都依托高校建设，除了承担咨政研究职能外，还承担着推动教育发展和人才培养的职能。近年来，教育系统非常重视特色新型教育智库的建设，并将其作为教育治理体系和治理能力现代化的重要组成部分。特色新型教育智库通过开展咨政研究和科研活动，将智库研究成果转化为推动教育现代化建设的规划图和施工图，有力推动高质量教育体系的建设和发展。

从产业维度来看，智库与产业界也是相互依存、相互促进的关系。智库（尤其是企业智库和产业智库）是产业发展的“思想库”和“智囊团”，智库与产业界在产业标准规范研发、产业最前沿技术跟踪与预测、产业发展重点和趋势研判及产业发展策略与对策等领域持续开展合作。通过合作，智库不仅能为产业发展提供最新最前沿的技术发展趋势研判，更能为产业发展提供方向指引和实用性强的对策建议，助力产业创新发展和转型升级。

近年来，广西智库建设取得了长足进步和发展，建成了“1+1+6+4”的广西特色新型智库体系，但仍存在智库服务决策意识有待加强、智库成果运用制度有待完善、智库决策作用发挥不足和智库影响力有待提升等诸多问题。广西大多数智库与产业界的合作集中于应用对策研究与标准规范研发等，在产教融合中更多扮演的是服务性角色，人才培养职能发挥不充分。因此，加强智库建设、培育广西特色专业智库的道路依然任重道远。下一步，需要结合广西区位优势、地域特色，尤其是产业和教育发展的需要，在“一带一路”有机衔接的重要门户、中国 - 东盟自由贸易区、民族研究及生态环保等领域，培育一批具有广西特色的专业智库，以切实发挥智库在融通教育与产业发展中的助推器作用。

2.7.2　产业、教育、智库“三位一体”融合发展的重要意义

产业、教育、智库是当前经济社会发展的重要组成部分，推进产业、教育、智库一体化发展是提高国家综合实力和推动社会发展的重要策略，三者的协同配合对提升综合国力至关重要。从广西实际来看，三者的融合发展已纳入教育部与自治区政府部区战略合作重要议程。2023 年 4 月，教育部与广西壮族自治区人民政府联合印发《推动产教集聚融合打造面向

东盟的职业教育开放合作创新高地实施方案》，明确提出要“构建产业、教育、智库‘三位一体’融合平台”“打造面向东盟的职业教育开放合作创新高地”。因此，推进产业、教育、智库“三位一体”融合发展不仅是贯彻落实国家统筹教育、科技、人才部署的务实举措，也是打造面向东盟的职业教育开放合作创新高地的内在要求，对于促进教育链、人才链与产业链、创新链有机衔接，塑造高质量发展的新动能新优势具有重要意义。

1. 推进广西教育、科技、人才一体化发展的重要举措

党的二十大将教育、科技、人才一体考虑，并将其作为“全面建设社会主义现代化国家的基础性、战略性支撑”进行统筹布局。广西对此高度重视，迅速作出重要创新性战略部署，在全国省级层面率先成立教育科技人才综合改革专项小组，一体推进教育、科技、人才领域综合改革。但如何实现教育科技人才“三位一体”统筹推进和融合发展是全新的课题，目前国家层面尚未明晰顶层设计和纲领指导，各地方也还处于探索阶段，尚未形成实现教育科技人才“三位一体”融合发展的好政策和好举措。因此，应从不同层面、不同维度探索实现教育科技人才“三位一体”融合发展行之有效的举措。产业、教育、智库作为教育科技人才“三位一体”融合发展的重要内容，是深度关联、互为依存、相互作用的有机整体，推进其融合发展显得尤为迫切和必要。开展针对产业、教育、智库“三位一体”融合发展的积极探索，不仅有利于发挥三者融合的先行先试作用，也是加快推进广西教育科技人才“三位一体”融合发展的有益尝试和生动实践，有利于进一步发挥教育、智库在支撑广西产业高质量发展中的重要作用。

2. 深化部区战略合作，构建产业、教育、智库“三位一体”融合平台的现实需要

2022 年，教育部与广西壮族自治区举行部区战略合作第一次会商会议，明确提出“构建产业、教育、智库‘三位一体’融合平台，擦亮教育对外开放品牌，不断提升广西教育的国际影响力”。2023 年，教育部与广西壮族自治区人民政府联合印发《推动产教集聚融合打造面向东盟的职业教育开放合作创新高地实施方案》，明确提出“构建产业、教育、智库‘三位一体’融合平台，建成立足广西、面向东盟、服务共建‘一带一路’的

职业教育对外开放合作创新高地”。由此可见，构建产业、教育、智库“三位一体”融合平台已成为新时期深化部区战略合作、推进广西教育高质量发展的重要内容。但对于如何构建产业、教育、智库“三位一体”融合平台，各级政府尚未形成明晰的思路和路径，本书对广西产业、教育、智库“三位一体”融合平台建设进行专章研究，力争提出平台的建设思路、建设目标、建设内容和建设计划等具体内容建议。

3. 推动我区经济社会高质量发展的大势所趋

教育孕育未来，产业夯实实力，智库是战略资源，三者的协同配合对推动广西经济社会高质量发展至关重要。没有产业体系的现代化，就没有经济的现代化，也就不可能实现广西的现代化。没有一流的教育，就不可能有一流的高素质人才大军和广西的现代化产业体系；没有智库和人才优势，就不可能发挥出教育的应有作用和推进产业的持续发展。新形势下，产业、教育、智库的重要性愈发凸显，产业、教育、智库一体化推进的地位和作用愈发重要。因此，产业、教育、智库“三位一体”融合发展是不断补齐广西高质量发展短板弱项和推进中国式现代化广西篇章的应有之义，是推动广西经济社会高质量发展的大势所趋。

现状与问题剖析篇

| 教育·科技·人才三位一体融合发展研究与探索 |

第 3 章

广西教育、科技、人才融合发展的现状分析

广西历来高度重视教育、科技、人才工作，深入贯彻习近平总书记关于建设教育强国、科技强国和人才强国的重大决策部署，深入贯彻落实习近平总书记对广西工作的重要讲话和重要指示精神，把强化教育、科技和人才支撑作为事关广西高质量发展和现代化建设全局的重大课题，多措并举促进科教融汇、产教融合与职普融通，推动教育链、产业链、创新链与人才链有机融合，不断形成动力合力，在教育科技人才“三位一体”融合发展上取得初步成效。

3.1 广西教育、科技、人才发展成效

2022 年，广西壮族自治区党委全面深化改革委员会以高度的改革自觉与前瞻视野，在全国率先成立教育科技人才综合改革专项小组统筹推进改革工作。这是深入贯彻落实党的二十大精神的重要行动，是“三位一体”推进实施科教兴桂战略、人才强桂战略、创新驱动发展战略的重要举措，有利于推动形成“教育 - 科技 - 人才”循环互促、融合发展的格局。2023 年广西综合科技创新水平指数稳步提升，位居全国 22 位，较 2022 年提升两位，教育科技人才“三位一体”总体战略部署和体制机制创新均走在全国前列。

3.1.1 科教融汇迈上新台阶

截至 2023 年 5 月，广西高校有国家级和教育部科研平台 36 个，其中有 4 个国家重点实验室、1 个国家地方联合工程研究中心和 5 个省部共建协同创新中心，以及建有 93 个自治区重点实验室和 100 个左右高校重点实验室等各类科技创新平台，初步构建了一个国家级、自治区级、厅级等层次比较完备、类型较为多样的科创平台体系；桂林电子科技大学于 2019 年入选教育部"首批高等学校科技成果转化和技术转移基地"；此外，广西高校有 1 个国家级大学科技园，桂林电子科技大学和桂林理工大学 2 所学校获批国家知识产权试点示范高校，广西大学和桂林电子科技大学获批国家知识产权信息服务中心，6 所学校的 14 个基地获批自治区科技成果转化中试研究基地。"十三五"期间，6 所高校获批全国深化创新创业教育改革示范高校，4 所高等职业学校入选国家"双高计划"建设名单；重点支持广西一流学科项目 34 个、一流学科（培育）项目 25 个，截至 2020 年底，14 个学科进入 ESI（essential science indicators，基本科学指标数据库）学科全球排名前 1%。截至 2022 年 11 月，68 个专业点通过国家专业认证，195 个专业点入选国家级一流本科专业建设点；高校承担各类科研项目，在大跨拱桥、水牛体细胞克隆等方面的科研与应用达到国际领先水平；高校获得的国家自然科学基金在全区占比超过 90%，共获国家科学技术奖 9 项，牵头获得 30% 以上的广西科技奖，并基本包揽所有广西自然科学奖的一、二等奖。

3.1.2 产教融合实现新提升

近年来，广西探索出了科教相互支撑的一体化发展新模式，构建了产教深度融合的人才培养新机制。截至 2023 年 4 月，广西已有中职专业 204 个、专业点 1986 个，高职专科专业 398 个、专业点 2068 个，高职本科专业 47 个、专业点 53 个，高等学历继续教育（包括本科、高职）专业 274 个、专业点 925 个；专业覆盖第一产业、第二产业和第三产业，专业布局与广西产业发展结构基本吻合，中高职毕业生的就业率长期高于全国平均水平；建成 575 个自治区职业教育示范特色专业及实训基地；自治区获评全国首批产教融合试点省区，柳州市获评全国首批产教融合试点城市。

3.1.3　协同育人迈出新步伐

深化产教融合协同育人，2021 ～ 2023 年广西各职业院校累计举办现代学徒制订单班 592 个，参与的专业（专业群）293 个，订单班学生 22234 人，校企双导师 3226 人，股份制或混合所有制产业学院 136 个，高等职业教育示范性产业学院 30 个。这些平台吸纳了几千家企业与职业院校开展多元化的校企合作，推进职业教育校企合作“七个共同”，即共同研究专业设置、共同设计人才培养方案、共同开发课程、共同开发教材、共同组建教学团队、共同建设实训实习平台、共同制定人才培养质量标准。

3.1.4　科技成果转化效能不断提升

2023 年 7 月 1 日，新版广西科技成果登记系统正式启用，全年完成科技成果登记 7075 项，其中实现转化的有 2288 项。2023 年 8 月，广西壮族自治区科技厅认定 15 家科技成果转化中试研究基地为第四批自治区科技成果转化中试研究基地，累计已达 39 家；在 2023 年度自治区中试基地绩效评价中，评定优秀 7 家、良好 11 家、合格 6 家。依据《广西壮族自治区科技成果转移转化示范区建设指引》的要求，2023 年 12 月，南宁高新区自治区科技成果转移转化示范区、柳州高新区自治区科技成果转移转化示范区、桂林高新区自治区科技成果转移转化示范区、北海高新区自治区科技成果转移转化示范区 4 家获批为首批自治区科技成果转移转化示范区。在 2023 年组织全区 110 家高校院所提交的 2022 年度科技成果转化年度报告中，统计数据显示以转让、许可、作价投资方式转化科技成果 1254 项，合同金额总计 1.37 亿元。

3.1.5　人才培养规模稳步增长

2022 年，广西全区普通、职业本专科共招生 46.83 万人，比上年增加 3.06

万人，增长 7.0%，其中，普通本科招生 18.74 万人，职业本科招生 1.04 万人，高职（专科）招生 27.04 万人；全区普通、职业本专科共有在校生 140.75 万人，比上年增加 8.65 万人，增长 6.5%，其中，普通本科在校生 62.76 万人，职业本科在校生 2.17 万人，高职（专科）在校生 75.82 万人；全区共招收研究生 2.30 万人，比上年增加 0.14 万人，增长 6.7%，其中，招收博士生 992 人，硕士生 2.20 万人；在学研究生 6.41 万人，比上年增加 0.83 万人，增长 14.9%，其中，在学博士生 3448 人，在学硕士生 6.07 万人[①]，为经济社会发展提供了优质人才供给支撑。

3.2 广西推进教育、科技、人才发展的主要举措

3.2.1 破除“条块壁垒”，构建贯通协同一体发展工作格局

为精准寻找塑造竞争优势的突破口，广西把创新求变、一体推进教育、科技、人才工作作为凝心聚力建设新时代中国特色社会主义壮美广西的先手棋，于 2022 年 12 月在全国率先成立教育科技人才综合改革专项小组，由自治区党委副书记担任组长，副组长若干（由自治区有关领导同志或单位主要负责同志担任），成员单位由 11 个自治区部门组成。专项小组下设办公室，设在自治区科技厅。为打通教育、科技、人才贯通协同的堵点，切实增强教育、科技、人才条块管理的互动性，广西出台了专项小组工作规则、专项小组办公室工作细则，并配套建立专项小组联系员制度、会议制度、工作台账等，实行季度会议制度工作机制、专项小组改革任务进展情况双月报制度。

3.2.2 构建“教共体”，共促城乡教育一体化发展

①针对城乡教育资源不均衡的突出问题，通过构建城乡教育发展共同

① 数据来源：广西壮族自治区教育厅。

体，整合区域内教育资源，缩小区域间教育质量差距。如柳州市率先在全区启动教育共同体（简称“教共体”）建设，从教育行政管理、学校文化建设、管理团队培育、教育人才培养四个维度对乡村、薄弱学校进行帮扶，构筑“点 - 线 - 面 - 网”教育资源共享体系，即以名师工作室构“点”、校际结对帮扶连“线”、区域教育共同体扩“面”、党建引领织“网”，形成市县高中教共体、区县教共体及县域内教共体三类“教共体”模式。截至 2023 年 11 月，柳州市已经建设完成 50 个“教共体”，上千名教师参与到该建设中，为全区的教育高质量发展提供了可供借鉴的经验。同时，为进一步推进城乡教育一体化，广西全面推进“互联网 + 教育”新型教育服务模式，着力建设“八桂教学通”平台，推动数字教育资源城乡共建共享，截至 2022 年底,已实现全区中小学（含教学点）100% 的宽带网络接入率。②推进义务教育教师“县管校聘”管理体制试点改革，科学规范中小学教职工编制总量控制与动态调整管理、完善学校岗位设置与结构比例统筹管理、持续优化教师资源统筹使用管理，切实有力促进城乡义务教育优质均衡一体化发展。

3.2.3　围绕“产教城”，推进产城发展和教育教学共融

①推动“产 - 教 - 城”一体化发展。作为教育部认定的“2022 年职业教育改革成效明显省（区、市）”之一，广西以新型城镇化建设推进产业结构调整和教育改革发展，深化“产 - 教 - 城”一体化发展，围绕广西重点产业集群，通过整合资源推动职业教育资源向产业园区和重点行业聚焦。例如，驻邕职业院校依托南宁东部新城的伶俐工业园区、六景工业园区，主动对接新能源汽车及零部件产业、先进装备制造产业、新能源电池产业、再生铝及铝精深加工产业等产业集群，建设集实践教学、社会培训、真实生产和技术服务于一体的校企联训基地；钦州推行“一县一案”“一校一策”方案，重点开展船舶航运等专业教育以服务平陆运河建设；柳州在柳东新区同步规划建设汽车产业园与职业教育园，打造“校企一体、双园一体”的育人环境。②谋划并积极推动建设一批高水平市域产教联合体、行业产教融合共同体，其中广西（柳州）汽车产教联合体成功入选首批国家级市域产教联合体。

3.2.4 聚力"组团创新"，推进产学研用一体协同创新

广西以产业需求为导向，不断探索产学研用协同创新措施，加强与高校、科研院所的研究方向和智力资源等联结的广度与深度。①探索揭榜制推进协同创新。广西于2020年6月启动揭榜制项目，主要围绕产业发展过程中的关键技术攻关项目，面向社会张榜公布，寻找能够"揭榜挂帅"进行技术攻关的社会主体。在项目实施过程中，着力引导企业积极提出产业创新需求、合理投入研发经费及有效实现成果转化落地。截至2022年5月，广西壮族自治区科技厅已发布了两批榜单，共计51个项目，覆盖了汽车、机械、电子信息、高端金属新材料、绿色高端石化、生物医药、新能源汽车、高端装备制造等产业领域。②大力建设创新联合体。为打破"创新孤岛"的困境，截至2023年12月，广西以市场机制为纽带，以自愿为原则，采取自发组织的方式，共组建15家创新联合体，即由创新资源整合能力强的行业龙头牵头，各成员单位分工合作，形成"核心层+紧密合作层+一般协作层"的创新合作组织和利益共同体，最终实现"组团创新"。③探索企业与高校院所共建新型研发机构、重点实验室等创新平台。支持以企业为"盟主"组建创新联盟，非粮生物质能技术全国重点实验室、广西交通运输行业首个"双碳"重点实验室获批成立，广西新能源汽车实验室、广西低碳智能动力实验室、广西林业实验室3家自治区实验室成功组建，广西智慧精准医学重点实验室、广西长寿科技重点实验室、广西特色生物医药重点实验室等多家由企业和高校院所联合组建的实验室获评为自治区重点实验室，一体推进科技创新、产业创新和人才培养模式创新。④建设高水平科技成果转化服务平台。2022年5月，广西科技成果转移转化综合服务平台正式上线，其搭建了14个设区市网上技术市场分站点，开发了找需求、找成果、找载体、找服务4大主功能模块，涵盖产业园区子平台、高校院所成果转化机构、技术转移机构、中试研究基地、技术经纪人管理等功能窗口（图3-1），形成"1+N"框架的全区一体化的技术转移成果转化综合服务平台体系，将技术需求与科技成果通过线上线下结合的方法实现精准匹配，真正促进各类主体科技创新资源的融通共享，进一步为科技成果转

移转化开启“直通车”。

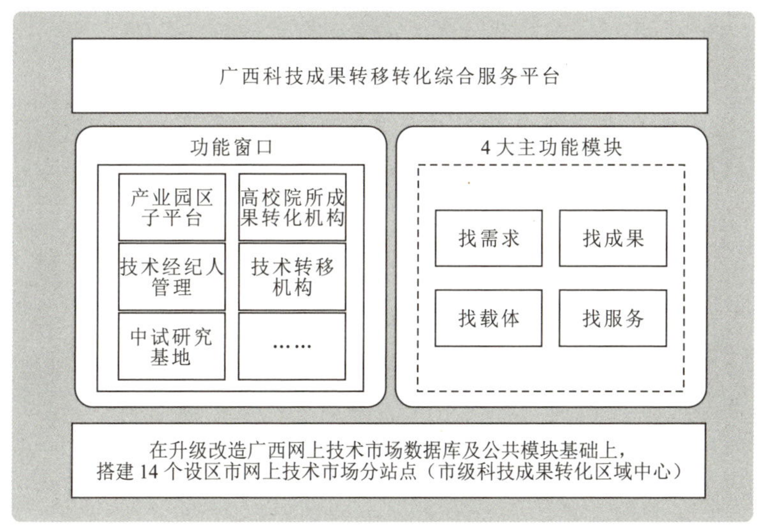

图 3-1　广西科技成果转移转化综合服务平台内容框架

3.2.5　融合“产业 + 领先企业”，形成产教融合共同体

广西直面产教融合痛点，以市域产教联合体、行业产教融合共同体、中国 - 东盟技术创新学院、中国 - 东盟现代工匠学院作为职业教育深化产教集聚融合、面向东盟交流合作、服务区域经济发展的重要平台，出台一系列举措，推动了教育与产业深度融合、学校与企业协同发展。①优化完善职业教育发展机制。“十三五”以来，广西制定了《广西职业教育改革实施方案》《关于推动广西现代职业教育高质量发展的实施意见》等 10 余项政策措施，出台职业院校专业设置、教学管理、高职“双高”建设、中职星级学校建设、教师队伍建设等制度文件，推动中职 - 高职 - 本科有效衔接，不断完善纵向贯通、横向融通的现代职业教育体系。②构建彰显广西特色的产教融合发展新体系。制定广西市域产教联合体、行业产教融合共同体建设指导意见，加强产教融合顶层设计和政策配套。积极构建产教供需对接机制，推动各地政府与高校、科研院所、行业企业联合开展人才培养、协同开展技术攻关。广西成为全国

首批产教融合试点省区，被教育部认定为“2022 年职业教育改革成效明显省（区、市）”之一；柳州市获批成为全国首批产教融合试点城市；广西（柳州）汽车产教联合体成为国家级市域产教联合体；广西（南宁）成立了首个全国运动健康产教融合共同体。以服务产业链为逻辑起点，建成 575 个职业教育示范特色专业及实训基地，形成对广西现代产业体系全覆盖的职业教育专业布局，推动开展具有广西特色的校企合作协同育人模式。③建设现代产业学院。截至 2023 年 3 月，广西已建成股份制或混合所有制产业学院 136 个，高等职业教育示范性产业学院 30 个，成为推动全区经济社会发展的有生力量。2021 年 12 月，广西科技大学智能车辆（制造）与新能源汽车产业学院获批成为国家首批现代产业学院之一。2020 年 5 月，柳州职业技术学院率先创建全国首家“螺蛳粉产业学院”，精准对接地方特色产业需求，开设“绿色食品生产与检测（螺蛳粉方向）”等 7 个特色专业。广西市域产教联合体规划建设布局见表 3-1，广西行业产教融合共同体规划建设名单见表 3-2。

表 3-1　广西市域产教联合体规划建设布局

序号	联合体名称	牵头政府	依托园区	参与单位 / 家						
				中等职业学校	高等职业学校	普通本科高校	首批企业	科研院所	其他组织	合计
1	广西（柳州）汽车产教联合体	柳州市人民政府	柳州高新技术产业开发区	7	6	2	18	6	—	39
2	南宁市智能制造产教联合体	南宁市人民政府	南宁高新技术产业开发区	5	8	2	15	3	2	35
3	柳州市现代装备制造产教联合体	柳州市人民政府	柳州河西高新区	5	6	2	11	2	—	26
4	梧州市六堡茶产教联合体	梧州市人民政府	粤桂合作特别试验区（梧州）	12	1	1	14	1	3	32
5	钦州市轻工化工产教联合体	钦州市人民政府	中国（广西）自由贸易试验区钦州港片区	7	1	1	12	5	1	27

续表

序号	联合体名称	牵头政府	依托园区	参与单位 / 家						合计
				中等职业学校	高等职业学校	普通本科高校	首批企业	科研院所	其他组织	
6	玉林市中医药产教联合体	玉林市人民政府	玉林中医药健康产业园	9	2	2	7	—	1	21
7	南宁市电子信息产教联合体	南宁市人民政府	南宁经济技术开发区	10	9	4	25	8	4	60
8	河池市有色金属产教联合体	河池市人民政府	河池经济技术开发区	5	1	4	20	3	7	40
9	桂林市文化旅游产教联合体	桂林市人民政府	桂林国家高新技术产业开发区	11	1	3	8	4	1	28
10	北海市电子信息产教联合体	北海市人民政府	北海经济技术开发区	3	3	1	20	1	2	30

表 3-2　广西行业产教融合共同体规划建设名单

序号	共同体名称	牵头单位	单位数 / 家	行业
1	广西智慧港航行业产教融合共同体	广西壮族自治区交通运输厅、广西交通职业技术学院、中交疏浚（集团）股份有限公司、大连海事大学	35	交通运输
2	广西汽车装备数智化制造行业产教融合共同体	广西汽车集团有限公司、武汉理工大学、柳州职业技术学院①	10	汽车
3	广西现代农业产教融合共同体	广西壮族自治区农业农村厅、广西金穗农业集团有限公司、贺州学院、广西农业职业技术大学	55	现代农业
4	广西信息通信技术行业产教融合共同体	深圳市宝德投资控股有限公司、桂林电子科技大学、南宁职业技术学院②、广西电子学会	72	电子信息
5	广西茶叶行业产教融合共同体	广西职业技术学院、广西中茶茶业有限公司、广西农垦茶业集团有限公司	55	食品药品
6	广西绿色建筑行业产教融合共同体	广西壮族自治区住房和城乡建设厅、华蓝集团股份公司、广西建设职业技术学院	37	建筑建材

续表

序号	共同体名称	牵头单位	单位数 / 家	行业
7	广西现代化工行业产教融合共同体	广西工业职业技术学院、广西华谊新材料有限公司、北部湾大学	10	轻工化工
8	广西先进制造业产教融合共同体	广西柳工机械股份有限公司、北京工业大学、广西机电职业技术学院	36	先进制造业
9	广西生态水利行业产教融合共同体	广西水利发展集团有限公司、广西民族大学、广西水利电力职业技术学院	16	绿色环保
10	广西医疗行业产教融合共同体	广西卫生职业技术学院、广西医科大学、广西壮族自治区人民医院	12	医疗卫生
11	广西数字金融行业产教融合共同体	广西金融职业技术学院、国海证券股份有限公司、广西证券期货基金业协会、广西财经学院	40	商务服务
12	广西冶金行业产教融合共同体	中国铝业股份有限公司广西分公司、广西现代职业技术学院、桂林理工大学	34	冶金
13	广西能源电子行业产教融合共同体	广西电力职业技术学院、惠州亿纬锂能股份有限公司、润建股份有限公司、桂林信息科技学院	31	能源电子
14	广西轨道交通行业产教融合共同体	柳州铁道职业技术学院、中国铁路南宁局集团有限公司、南宁学院、柳州工学院	38	交通运输
15	广西文化旅游与大健康行业产教融合共同体	广西旅游发展集团、广西大学、广西国际商务职业技术学院、广西右江民族商业学校	11	文化旅游

注：① 2024 年 5 月更名为柳州职业技术大学，余同；
② 2024 年 5 月更名为南宁职业技术大学，余同。

3.2.6 实施“带土移植”，创新招才引智机制

为持续优化创新生态环境，广西大胆破除人才发展体制机制藩篱，大刀阔斧改革。①在高校、科研院所开展岗位结构比例自主设置试点，实施自治区本级事业单位“1+*N*”绩效工资动态管理。如广西科学院作为广西首批岗位结构比例自主设置试点单位，建立了“能上能下”动态管理的专业技术岗位聘任制度，设计了一套可量化、操作性强的科研业绩计分办法，优化岗位设置，把岗位资源向专业技术岗位倾斜，将专业技术岗位的比例由 74% 增加到 84%。②实施“广西急需紧缺高层次人才引进专项”，印发专项实施方案，按照“一事一议、一人一策”原则制定个性化引进和支持

方案，加大力度帮助支持各地各用人单位大力引进急需紧缺高层次人才，加快补齐广西高水平创新人才匮乏这一短板。③优化实施“带土移植”人才引育计划。将团队、项目、平台、技术等整体打包引入，围绕工程机械、智能制造、生物医药、特色农业、海洋等重要产业领域创新人才团队引进。如广西玉柴机器集团有限公司（以下简称“玉柴机器集团”）先后与日本、美国、奥地利等多个国家的知名企业、研发中心进行合作交流，共引入数十名外籍高端人才，为玉柴机器集团提供技术指导和人才培训，助力玉柴机器集团领先同行推出满足最新排放法规要求、具备世界一流技术水平的国六、T4 发动机，成为国内发动机产业进行外国智力引进和科技成果转化的重要标杆，玉柴机器集团于 2020 年获批成为“国家引才引智示范基地”。④开展“技能广西行动”。完善技能人才培养、使用、评价、激励体制机制，深入实施职业技能提升行动，建设一批高技能人才培训基地、技能大师工作室、世界技能大赛项目集训基地，不断壮大创新型、应用型、技能型人才队伍。在广西汽车集团有限公司、玉柴机器集团等 7 家区内企业开展特级技师评聘试点。截至 2022 年底，广西技能人才总量达 789.12 万人，其中高技能人才 176.41 万人。⑤建立柔性引才机制。以乡情为联络纽带，通过定向服务、顾问指导、“银龄返聘”等方式柔性引进中国工程院院士、高新企业家、名校博士学者、技能大师等高精尖人才，为广西产业人才提供科研指导、技术培训等服务，破解企业技术创新难题，为加快产业发展提供人才智力支撑。赴桂挂职博士以组团形式开展服务，助力重大战略实施按下“快进键”，同时也在组团模式、服务内涵、推进方法上积累了成功经验，日益成为广西开放发展的“助推器”、人才培养的“孵化器”和中央博士服务团项目实施的“样板田”。广西是全国唯一连续两年（2020 ～ 2021 年）被列入中央博士服务团“组团式”服务试点范围的省份。

3.2.7　联动“平台 + 项目”，形成中国 - 东盟职业教育品牌

广西积极服务中国 - 东盟命运共同体，深度融入共建“一带一路”，将发展职业教育作为新时代壮美广西建设的重要内容，把面向东盟开放合作摆在职业教育发展的重要位置，通过部区共建，区域联动，着力构建产教集聚融合示范区，推动职业教育改革发展不断迈上新台阶。①拓展交流合

作平台。中国 - 东盟职业教育联展暨论坛自 2012 年首次举办以来，截至 2023 年底，已成功举办了 7 届，得到了各级领导、中外嘉宾和兄弟省市同行的充分肯定和高度认同，产生了广泛的社会影响。借助中国 - 东盟职业教育联展暨论坛的辐射带动作用，广西职业院校积极拓展与东盟的交流合作渠道，充分发挥自身优势，针对东盟国家推动产业发展、提升职业教育水平等需求，协同教育部门，联合知名企业，携手东盟国家院校、企业和行业协会等，共建共享教育资源，共同开展人才培养、技术服务及文化交流。截至 2023 年 9 月，广西的职业院校与泰国、缅甸、印度尼西亚（以下简称“印尼”）、老挝等国家的院校共同制定 42 个专业标准、207 个课程标准、21 个岗位标准、99 个技术标准，与东盟国家职业院校合作开发国际化教材 66 本。如中泰两国学校合作编写的《电子商务导论与运营基础》《电子商务运营实务》《电商数据化运营》等“中文 + 职业技能”电子商务系列教材在泰国出版，并被泰国教育部职业教育委员会认定为推荐课程，面向泰国的 82 所职业院校推广使用。②形成一批制度化成果。确定中国 - 东盟职业教育联展暨论坛永久落户南宁，每两年一届，每届确定一个主题。推动广西与越南边境四省建立年度教育工作磋商机制，越方参与部门由教育培训厅扩展到劳动荣军与社会厅，多部门参与更利于促进双边的教育合作与交流。③促成一批高质量教育合作项目。2012 年以来，在中国 - 东盟职业教育联展暨论坛上开展项目集中签约活动。其中具有代表性的合作项目包括：2015 年广西教育厅与香港职业训练局合作共建桂港现代职业教育发展中心；2017 年实施“电商谷”国际合作项目；2019 年广西教育厅与印度尼西亚海事统筹部所属的人力资源、科学、技术、海洋文化部签署开展海事教育和培训项目。2021 年广西教育厅与东南亚教育部长组织技术教育发展区域中心签署职业教育合作备忘录，并经过一年多的沟通与交流，最终双方签署执行协议在柬埔寨金边共建中国（广西）- 东南亚技术与职业教育培训中心，广西每年将选派职教专家赴中心工作。④通过“一展”“两看”“三基地”打造“留学中国 • 学在广西”品牌。“一展”即每年组织包括高职院校在内的高校赴东盟国家举办“留学广西”国际教育展。自 2004 年以来，广西教育厅已先后在越南、泰国、印尼、马来西亚、老挝、柬埔寨、菲律宾 7 个东盟国家举办 25 场“留学广西”国际教育展。“两看”即组织“东盟留学生文化节暨东盟留学生百名家长看广西”和暑假企业见习等人文交流活动，增进东盟留学生对留学广西的认同。“三基地”即在乡村、城市、企业挂牌成立留学生社会实践和实习实训基地，让东盟国家留学生走进八桂大地，走进高新企业，加深对中国国情的理解，增进对中国式现代化的认识。

3.2.8　主动“架桥铺路”，促进科技成果转化落地

①组建广西高校科技成果转化联盟。广西针对全区高校成果转化机构松散问题，以教育部首批“高等学校科技成果转化和技术转移基地”为依托，秉持自愿、平等、交流、合作、服务的基本原则，由桂林电子科技大学牵头组织成立了广西高校科技成果转化联盟，积极搭建信息共享平台，拓宽政府、企业、高校科技成果转化渠道，促进广西高校科技成果转化，推动经济社会发展。截至 2023 年 8 月，联盟有高校成员 63 所，设理事长单位 1 个、副理事长单位 5 个。②推进高校实施自治区职务科技成果权属改革试点建设。怎么把科研成果转化为现实生产力，让其不再被束之高阁？围绕破解科技成果不愿转、不会转、不敢转难题，广西大学、广西师范大学、桂林电子科技大学等 10 所试点高校从岗位设置、职务晋升、薪酬奖励、成果转化收益分配等方面制定职务科技成果权属改革方案，着力激发人才创新活力。高校科研人员取得的科技成果转化奖励收入不纳入绩效工资总量。桂林电子科技大学、广西民族大学、南宁师范大学、北部湾大学等部分高校规定科技成果转化收益 90% 以上归研发团队或成果完成人，桂林电子科技大学规定最高可达 99%。

3.2.9　促成“部区共建”，打造面向东盟职业教育开放合作创新高地

中国与东盟国家山水相连、人文相通、友谊深厚、命运与共，广西立足“一湾相挽十一国，良性互动东中西”的独特区位优势，成为中国面向东盟开放合作的前沿和门户。广西通过部区共建、区域联动，建立交流合作“大平台”，统筹做好“引进来”和“走出去”两篇大文章，打造产教集聚融合先行区，提高职业教育对外开放合作水平，推动中国与东盟合作

提质增效，全力建设面向东盟的职业教育共同体。

1. 搭建互联互通“大平台”

广西通过统筹本科高校、职业院校、科研院所和行业龙头企业优质资源，精准搭平台、建渠道，以多层次互联互通赋能东盟职业教育合作。2012～2024 年，广西已成功举办了 7 届中国 - 东盟职业教育联展暨论坛，达成合作协议、签署备忘录等 100 余项。截至 2024 年 8 月，广西已立项建设 10 个中国 - 东盟技术创新学院（表 3-3）、17 个中国 - 东盟现代工匠学院（表 3-4），覆盖东盟十国，其中已有 9 所中国 - 东盟现代工匠学院在东盟国家挂牌成立。此外，广西支持职业院校发起成立旅游、艺术、农业、轨道交通等 10 多个面向东盟的教育联盟，独立举办或联合东盟国家职业院校共同举办系列学术论坛、技能比赛和人文交流活动达 30 余项。通过以联盟为抓手，推动联盟成员资源共享，服务中国 - 东盟教育开放合作。作为 2023 中国 - 东盟职业教育联展暨论坛合作成果之一，由柳州职业技术学院（现为柳州职业技术大学）、柳工机械印尼有限公司、雅加达国立理工学院三方合作共建的首个中国 - 东盟现代工匠学院“中国 - 印度尼西亚智能运载装备现代工匠学院”，在印尼雅加达国立理工学院正式挂牌，标志着中国面向东盟国家开展合作的国家级职教出海品牌项目正式落地实施。其间，柳工机械印尼有限公司投入设施设备，柳州职业技术大学负责合作院校教师及优秀学生的培训，印尼合作院校提供场地、当地师资、通用设备，并负责招收学生。广西水利电力职业技术学院牵头组建中国 - 东盟能源职教联盟，与泰国、马来西亚、柬埔寨等 7 个东盟国家开展技能培训、人才培养、文化交流等教育交流合作。

表 3-3　中国 - 东盟技术创新学院建设名单

序号	学院名称	牵头高校	参与学校院所	合作企业	服务产业
1	中国 - 东盟智能制造技术创新学院	广西大学	北部湾大学、南宁学院、广西机电职业技术学院、广西交通职业技术学院、南宁职业技术学院、泰国朱拉隆功大学、泰国川登喜大学	广西柳工机械股份有限公司、广西玉柴机器股份有限公司、广西林业集团有限公司、广西机械工业研究院有限责任公司、南宁中车铝材精密加工有限公司	先进制造业、轻工化工

续表

序号	学院名称	牵头高校	参与学校院所	合作企业	服务产业
2	中国 - 东盟天然药物技术创新学院	广西师范大学	广西卫生职业技术学院、广西壮族自治区中医药研究院、泰国宋卡王子大学	广西一方天江制药有限公司、桂林三金药业股份有限公司、桂林莱茵生物科技股份有限公司、广西仙草堂制药有限责任公司	食品药品
3	中国 - 东盟电子信息技术创新学院	桂林电子科技大学	广西机电职业技术学院、中国电子科技集团公司第三十四研究所、越南河内工业大学、新加坡南洋理工大学	数字广西集团有限公司、华为技术有限公司、桂林光隆科技集团股份有限公司、广西艾学教育科技有限公司、桂林市华谊智测科技有限责任公司、桂林市啄木鸟医疗器械有限公司、桂林市晶瑞传感器技术有限公司、桂林领益制造有限公司	电子信息
4	中国 - 东盟低碳建材与智能建造技术创新学院	桂林理工大学	广西壮族自治区建筑科学研究设计院、马来西亚拉曼大学	桂林鸿程矿山设备制造有限责任公司	先进制造业
5	中国 - 东盟中医药技术创新学院	广西中医药大学	广西中医学校、广西中医药大学第一附属医院、马来西亚拉曼理工大学	广西中医药大学百年乐制药有限公司、广西仙茱中药科技有限公司	医疗卫生
6	中国 - 东盟新能源汽车技术创新学院	广西科技大学	上海交通大学、湖南大学、柳州职业技术学院、柳州铁道职业技术学院、广西机械工程学会、越南河内工业大学、印度尼西亚雅加达州立理工学院	东风柳州汽车有限公司、广西汽车集团有限公司	汽车（含工业设计）
7	中国 - 东盟智慧港口综合枢纽技术创新学院	北部湾大学	广西交通职业技术学院、北部湾职业技术学校、南宁市武汉理工大学先进技术产业研究院、中国船舶集团有限公司第十一研究所、泰国佛统皇家大学、越南芽庄大学	广西北部湾国际港务集团有限公司、平陆运河集团有限公司、中国船舶集团广西造船有限公司、广西玉柴机器股份有限公司、广西文船重工有限公司、中船舰客教育科技（北京）有限公司	交通运输

续表

序号	学院名称	牵头高校	参与学校院所	合作企业	服务产业
8	中国 - 东盟数智商务技术创新学院	广西财经学院	广西金融职业技术学院、广西城市职业大学、马来西亚国立大学、泰国兰实大学、印度尼西亚万隆理工学院、泰国暹罗大学、泰国正大管理学院	广西投资集团、数字广西集团有限公司、航天信息股份有限公司	商务服务
9	中国 - 东盟文化旅游技术创新学院	桂林旅游学院	南宁师范大学、广西国际商务职业技术学院、广西经贸职业技术学院、印度尼西亚特里莎克蒂旅游学院	广西旅游发展集团有限公司、七星海城市集团、浪潮集团有限公司、正大食品企业（上海）有限公司南宁分公司	文化旅游
10	中国 - 东盟现代畜牧技术创新学院	广西农业职业技术大学	广西大学、广西职业技术学院、广西农业工程职业技术学院、广西壮族自治区水牛研究所、广西壮族自治区兽医研究所、泰国农业大学、老挝国立大学、老挝东坎商农业技术学院	广西扬翔股份有限公司、桂林力源粮油食品集团有限公司、广西园丰牧业集团股份有限公司	现代农业

表 3-4　中国 - 东盟现代工匠学院建设名单

序号	学院名称	中方牵头学校	外方合作学校	参与建设企业
1	中国 - 印度尼西亚智能运载装备现代工匠学院	柳州职业技术学院	印度尼西亚雅加达国立理工学院、印度尼西亚万隆制造理工学院	柳工机械印尼股份有限公司
2	中国 - 越南新能源汽车现代工匠学院	广西交通职业技术学院	越南太平大学	越南太平兴盛股份公司、广西汽车集团有限公司、比亚迪股份有限公司
3	中国 - 缅甸纺织服装现代工匠学院	广西经贸职业技术学院	缅甸工业部第二培训中心（曼德勒）	广西南宁代顿斯贸易有限公司、深圳市博克时代科技开发有限公司
4	中国 - 泰国糖业现代工匠学院	广西工业职业技术学院	泰国孔敬高级农业技术学院	泰国两仪糖业集团、广西崇左东亚糖业集团
5	中国 - 印度尼西亚新能源汽车现代工匠学院	柳州城市职业学院	印度尼西亚必利达国民三语学校	上汽通用五菱印尼汽车有限公司、上汽通用五菱汽车股份有限公司

续表

序号	学院名称	中方牵头学校	外方合作学校	参与建设企业
6	中国 - 柬埔寨绿色能源现代工匠学院	广西水利电力职业技术学院	柬埔寨波雷烈国立农业学院	中国华电集团发电运营柬埔寨有限公司
7	中国 - 老挝现代农业工匠学院	广西农业职业技术大学	老挝国立大学、老挝东坎商农业技术学院	中国湖南炫烨生态农业发展有限公司、广西金穗农业集团有限公司
8	中国 - 柬埔寨现代建筑工匠学院	广西建设职业技术学院	柬埔寨国家技术培训学院	广联达科技股份有限公司
9	中国 - 马来西亚铁路现代工匠学院	柳州铁道职业技术学院	马来西亚彭亨大学	中国交通建设股份有限公司马来西亚东海岸铁路项目总经理部
10	中国 - 泰国智造现代工匠学院	广西职业技术学院	泰国邦楷技术学院	江苏汇博机器人技术股份有限公司
11	中国 - 越南中医药现代工匠学院	广西中医药大学	越南传统医药大学	广西柳药集团股份有限公司
12	中国 - 越南电子信息现代工匠学院	南宁职业技术学院	越南河内工业职业大专学校	歌尔股份越南有限公司、日精电子科技有限公司、苏州派讯智能科技有限公司
13	中国 - 泰国跨境商务现代工匠学院	广西国际商务职业技术学院	泰国北柳职业学院、泰国春武里职业学院	广西启迪创新跨境电子商务有限公司、北京唐风汉语教育科技有限公司、宁波家联科技股份有限公司
14	中国 - 马来西亚数字经济现代工匠学院	广西金融职业技术学院	马来西亚拉曼理工大学	广西启迪创新跨境电子商务有限公司
15	中国 - 新加坡智能制造现代工匠学院	广西机电职业技术学院	新加坡南洋理工学院	青岛海之晨装备工业有限公司
16	中国 - 文莱烹饪现代工匠学院	桂林旅游学院	文莱拉克萨马拉商学院	无
17	中国 - 菲律宾家政服务现代工匠学院	广西卫生职业技术学院	菲律宾马里亚诺马科斯国立大学	广西旅游发展集团、南宁泰康之家桂园养老服务有限公司、广西壮家女家庭服务有限公司、广西康之桥护理服务有限公司

2. 创新办学模式

随着中国与东盟各国的经贸合作不断深化，需要大量的技术技能人才作为支撑，这为职业教育合作提供了广阔空间。广西的职业院校积极探索，通过创新以“汉语＋技能”“专业＋文化”为核心的国际化办学模式和人才培养模式，精准对接“一带一路”东盟国家个性化人才培养需求，提供学历教育和非学历教育，在专业技能培养中融入文化交流，提升人才培养质量。在“桂海商学院”中泰合作办学项目中，广西国际商务职业技术学院构建“汉语＋商务文化＋技能＋就业”的一体化中外职业教育国际合作新模式，培养高水平技能人才。截至 2024 年 8 月，柳州铁道职业技术学院与泰国、老挝、印度尼西亚、马来西亚等国家的 20 余所院校、教育机构等开展交流与合作，累计培养东盟留学生、师资、企业员工等近 800 人次；广西区内的职业院校与东盟国家院校建成中国 - 东盟职业教育云平台，提供音频、视频、文字等多种形式的共享资源服务，认定并共享国际化教育资源 199 项。历经多年发展，广西职业教育国际化正朝着“全面开花”的方向发展，已从农业、铁路等相关专业拓展至汽车、通信与物联网、智能制造等专业领域。

3. 协同企业“走出去”

截至 2024 年 8 月，广西支持 20 多所职业院校协同行业企业走进东盟国家，服务机械制造、纺织、建筑工程等行业企业在海外发展，成立 28 个海外培训基地，为企业培训技术工人年均超 1 万人次。例如，广西农业职业技术大学先后在老挝、越南等国家合作共建现代农业科技示范基地、农业试验站，累计培育优良品种 60 多个，示范推广面积达 3000 多 $hm^2$①，培训当地农业技术人员和农民学习土壤改良、提高农作物产量和防治病虫害等技术达 3000 多人次。柳州职业技术大学 2022 年开始与柳工机械印尼股份有限公司、印度尼西亚雅加达国立理工学院合作，协同开展工程机械技术专业印尼本土化技术技能人才订单培养。截至 2024 年 8 月，该校已完成首届 80 名学生招生、11 名印尼教师培训、9 个专业标准与 5 本英语和印尼语教材的共享，并组建中国 - 印度尼西亚职业教育产教联盟，已有 18 家企业、61 所中国职业院校、49 所印尼公办理工学院加入。广西经贸职业技术学院联合全国电子商务职业教育教学指导委员会、广西烹饪餐饮行业协会、缅甸纺织工业协会等国内外校政行企，搭建数字经济领域

① $1hm^2=0.01km^2$

的“电商谷”、传承中华烹饪文化的“伊尹学堂”、纺织服装领域的“衣路工坊”等国际合作平台，成功建立“电商谷”清迈中心、“伊尹学堂”中华文化传承基地、缅甸“衣路工坊”青年技术工人培训中心等 5 个基地。广西机电职业技术学院成立中国 - 老挝共建职业标准实践中心、中越共建“开放型区域智能制造实践中心”，与老挝教育与体育部合作开发了工业机器人技术员、新能源汽车技术员、焊接和制造技术员等职业的老挝国家职业标准，指导老挝国家职业院校开展人才培养工作；与跨国企业开展培训合作，为中国多家企业在印尼、越南、菲律宾等东盟国家海外子公司提供技术技能人才支撑，推动“中国标准”服务“一带一路”建设。

4. 打造留学广西“金招牌”

广西发挥独特区位优势，以东盟国家为重点，着力打造“留学广西”品牌，不断提高留学生教育水平。①先后在越南、泰国、印尼、马来西亚、老挝、柬埔寨、菲律宾 7 个东盟国家举办 25 场“留学广西”国际教育展，积极吸引东盟国家留学生到广西学习深造。②依托面向东盟的国家级人才培训基地，持续完善基地设施，提高服务能力，先后培训教育、商务与会展等领域各类人才近万人。东盟国家留学生学成归国后，都成了当地抢手的人才，广西也成为全国接收东盟国家留学生最多的省份之一。例如，来自印尼的留学生迪塔，参加了柳州城市职业学院与柳州市龙头企业上汽通用五菱公司联合打造的“中印尼汽车产业人才联合培养项目”，学成归国后，现已成为中国铁路通信信号股份有限公司印尼雅万高铁项目部门主管。③通过实施中国政府奖学金、广西政府东盟国家留学生奖学金及学校奖学金项目，截至 2024 年 8 月，广西已形成国家、自治区和学校三级留学生奖学金框架，招收培养 2500 多名东盟青年学子，培育了一批知华、友华、爱华的青年技能人才。

3.3　广西教育、科技、人才耦合度分析

教育是基础，科技是关键，人才是根本。党的二十大报告将教育科技

人才“三位一体”统筹布局，为未来科技创新发展作出全新定位，指明了前进方向。因此，如何推动教育科技人才“三位一体”统筹发展是摆在我们面前的重大时代课题。

“耦合”这一概念源自物理学，常用来表示不同系统间的相互作用强度，如电感耦合、力热耦合、流固耦合等。随着这一概念被越来越多地应用于社会科学领域，大量研究通过耦合度对 2 个或 2 个以上社会经济系统的相互作用和影响进行评价，并进一步形成了“耦合协调”分析方法，用以测度经济、社会、环境等系统间是否匹配适当并形成良性循环的关系。本书把“耦合”一词引入教育科技人才“三位一体”研究中，以系统耦合理论为指导思想，把教育、科技、人才视为三个子系统，通过研究三个子系统之间的相互依赖、相互协同及相互作用关系，揭示教育、科技、人才三者的耦合机理，并提出三者耦合发展的路径。

3.3.1 基于系统耦合理论的模型构建

以系统耦合理论为指导构建耦合协调度模型，该模型能够描述多个系统或多要素之间的交互作用与耦合协调关系，同时可以用于判断协调发展阶段。本书运用该模型分析教育、科技、人才三个子系统之间的协同效应。

1. 建立指标的三维度体系

为确保有效测度教育、科技、人才之间的耦合协调程度，鉴于三个系统之间存在较为复杂的关系，本书遵循指标选取的系统性、科学性、代表性原则，借鉴相关资料，构建了教育、科技、人才评价指标体系。

表 3-5 教育、科技、人才三维度指标体系

一级指标	二级指标	三级指标（U_{ij}）
教育系统（U_1）	教育投入	一般公共预算教育支出（U_{11}）
		专任教师数（U_{12}）
	教育规模	普通高校数（U_{13}）
		在校学生数（U_{14}）

续表

一级指标	二级指标	三级指标（U_{ij}）
科技系统（U_2）	科技研发投入	一般公共预算科技支出（U_{21}）
		高新技术产业新产品开发经费（U_{22}）
	科技活动成果	专利授权数（U_{23}）
		重大科技成果数（U_{24}）
	科技成果转换	高新技术产业主营业务收入（U_{25}）
		规模以上企业新产品销售收入（U_{26}）
人才系统（U_3）	人才投入	R&D①人员折合全时当量（U_{31}）
		R&D 经费内部支出（U_{32}）
	人才质量	科学研究和技术服务人员（U_{33}）
		在校研究生数占在校学生数比重（U_{34}）

注：① R&D 即 research and experimental development，指研究与试验发展。

教育系统主要通过教育投入和教育规模来体现，科技系统主要包括科技研发投入、科技活动成果及科技成果转换三个方面，人才系统主要包括人才投入和人才质量两个方面（表 3-5）。

2. 确定各维度的权重

指标权重的确定对于耦合协调度的计算至关重要。确定指标权重的方法分为主观赋权法和客观赋权法两种。受主观因素的影响，主观赋权法可能会对指标产生认识偏差，以此确定的权重不够准确。客观赋权法中的熵值赋权法能够充分获取原始数据，精确度较高。因此，本书选用客观赋权法来确定指标的权重。用 U_{ij} 表示第 i 年第 j 项指标因素的数值，其中，$0 \leqslant i \leqslant a$，$0 \leqslant j \leqslant b$。为了消除指标数据因为量纲不同而存在的差异，避免不同指标对于结果的影响，本书利用极差标准化方法对数据进行处理，记作 U'_{ij}：

$$U'_{ij} = \frac{U_{ij} - \min U_{ij}}{\max U_{ij} - \min U_{ij}} \tag{3-1}$$

计算第 j 项指标下不同年份指标的比重 P_{ij}：

$$P_{ij} = \frac{U_{ij}}{\sum_{i=1}^{a} U_{ij}} (i = 1,2,\cdots,a，j = 1,2,\cdots,b) \tag{3-2}$$

计算第 j 项指标的熵值 e_j：

$$e_j = -\frac{1}{k}\sum_{i=1}^{a} p_{ij}\ln(p_{ij}) \tag{3-3}$$

$$g_j = 1 - e_j \tag{3-4}$$

$$W_j = \frac{g_j}{\sum_{j=1}^{b} g_j} \tag{3-5}$$

$$S_\lambda = \sum_{j=1}^{b} W_j U_{ij} \tag{3-6}$$

由式（3-3）计算信息熵：i 表示年份，j 表示指标。p_{ij} 是第 i 年第 j 项指标的标准化概率值，k 是归一化常数，通常取 k=1na，其中 a 是年份总数。

由式（3-4）计算确定性：g_j 表示第 j 项指标的确定性，值越大，指标越有序。

由式（3-5）计算权重：W_j 表示第 j 项指标的权重，反映其在整体中的重要性。

由式（3-6）计算综合得分：S_λ 表示第 i 年的综合得分，是各指标加权后的结果。

3. 耦合协调度模型

耦合度模型来源于物理学的容量耦合模型。本书将教育、科技、人才各自的耦合要素相互影响、相互作用的程度定义为教育、科技、人才的耦合度，在此基础上定义三者之间的耦合协调度。教育、科技、人才三系统的耦合度公式为

$$C = \sqrt[3]{\frac{U_1 \times U_2 \times U_3}{\left(\frac{U_1 + U_2 + U_3}{3}\right)^3}} \tag{3-7}$$

式中，U_1、U_2、U_3 分别表示教育、科技、人才系统的综合评价得分，耦合度值 $C \in [0,1]$。当 C=1 时，耦合度最大，教育、科技、人才三者之间达到良性耦合状态；当 C=0 时，三者之间处于无序状态。鉴于可能存在三者的综合评价得分都比较低却很相近的情况，此时的耦合度 C 仍然较高，就会出现“伪耦合”（低水平的耦合）现象。因此，需要引入耦合协调度

模型：

$$T = \alpha U_1 + \beta U_2 + \gamma U_3 \quad (3\text{-}8)$$

$$D = \sqrt{C \times T} \quad (3\text{-}9)$$

式中，α、β、γ 分别表示教育、科技、人才系统的权重，采用熵值赋权法，分别取 0.3668、0.2675、0.3657；D 为耦合协调度，D 值越大，表示教育、科技、人才三系统之间的耦合协调度越高。$T \in (0,1)$，为教育、科技、人才三系统的综合评价得分，反映了教育、科技、人才三者之间的整体协同效应。

4. 教育、科技、人才耦合阶段分层

根据教育、科技、人才耦合协调指标评价体系及教育、科技、人才作用机制，选取广西 2011 ～ 2021 年教育、科技、人才相关统计数据进行实证分析研究，所有数据均来源于《广西统计年鉴》。

参照物理学中对耦合阶段的分层，将教育、科技、人才的耦合协调度划分为三个层级。当 $D \in (0,0.4]$ 时，教育、科技、人才处于低水平耦合协调状态，科技、人才缺乏良好的教育环境支撑，教育、人才的缺失导致科技发展受限，低下的科技能力和人才水平无法塑造良性教育环境，三者正处于磨合阶段，尚未形成良性耦合协调关系；当 $D \in (0.4,0.7]$ 时，教育、科技、人才处于中水平耦合协调状态，三者之间逐渐开始形成相互促进的良性耦合协调关系，并存在较大的发展空间；当 $D \in (0.7,1.0]$ 时，教育、科技、人才处于高水平耦合协调状态，三者之间的协调度较为理想，总体呈现上升的发展态势，教育能为人才培养、科技创新提供有力支撑，人才能够促进教育高质量发展，为科技创新提供高素质人力支持，科技发展也能够促进教育、人才的高质量发展。

5. 模型指标的关联度

关联度，即对于两个系统之间的因素，其随时间或不同对象而变化的关联性大小的量度。在系统发展过程中，若两个因素变化的趋势具有一致性，采用即同步变化程度较高，则可认为二者关联程度较高；反之，则较低。因此，采用灰色关联分析方法，即根据因素之间发展趋势的相似或相异程度，亦即“灰色关联度”，将其作为衡量因素间关联程度的一种方法。

耦合协调度模型中各指标之间并不是孤立存在的，而是相互关联、相互影响的，因此，本书引入灰色关联理论来分析教育、科技、人才三系统指标之间的相互关联关系。

第一步，选择参考序列 X_0=（$X_{01},X_{02},\cdots,X_{0m}$）和比较序列 X_i={$X_{1i},\cdots,X_{mi}$}。

第二步，运用初值法进行无量纲化处理：

$$X_i' = \frac{x_i}{x_{i1}}(i = 0,1,2,\cdots,m) \tag{3-10}$$

第三步，求差序列和最大差、最小差：

$$\triangle_{0i}(k) = \left|x_0'(k) - x_i'(k)\right|(k = 1,2,\cdots,n) \tag{3-11}$$

$$M = \max_i \max_k \triangle_i(k) \tag{3-12}$$

$$m = \min_i \min_k \triangle_i(k) \tag{3-13}$$

第四步，计算关联系数：

$$\varepsilon_{0i} = \frac{\triangle\text{min} + \rho\triangle\text{max}}{\triangle_i(k) + \rho\triangle} \tag{3-14}$$

式中，ρ 为分辨系数，一般取 0.5。

第五步，计算关联度：

$$\gamma_{0i} = \frac{1}{n}\sum_{k=1}^{n}\varepsilon_{0i}(k)(i = 1,2,\cdots,m) \tag{3-15}$$

γ_{0i} 的大小代表关联程度的高低，γ_{0i} 值越大，代表关联程度越高；γ_{0i} 值越小，关联程度则越低。

根据灰色关联度分析方法，将关联度划分为以下几个层级:（0.00,0.35] 为低水平关联、（0.35,0.65] 为中等水平关联、（0.65,0.85] 为较高水平关联，（0.85,1.00] 为高水平关联，以此来阐述被解释变量（耦合协调度）与解释变量（教育、科技、人才系统）之间的相互作用与影响关系。

3.3.2 耦合协调度模型的应用

1. 综合分析

根据耦合协调度模型，计算整理相关数据得到（2011 ～ 2021 年）一级指标：教育系统（U_1）、科技系统（U_2）、人才系统（U_3）的综合评价结果（表 3-6）。

表 3-6　2011 ～ 2021 年一级指标综合评价结果

年份	U_1	U_2	U_3
2011	0.1444	0.1526	0.1510
2012	0.1511	0.1551	0.1561
2013	0.1608	0.1630	0.1675
2014	0.1743	0.1765	0.1713
2015	0.1854	0.1867	0.1861
2016	0.1981	0.1993	0.1974
2017	0.2031	0.2064	0.2008
2018	0.2137	0.2168	0.2151
2019	0.2288	0.2274	0.2281
2020	0.2343	0.2365	0.2361
2021	0.2433	0.2431	0.2444

由表 3-6 可以看出，三者的年平均增长量非常接近，U_1 的年平均增长量最大，U_3 次之，U_2 最小，表明它们的增长趋势相似而且增长缓慢。教育系统 2011 ～ 2021 年综合评价得分由 0.1444 增长到 0.2433，年平均增长 0.00989；科技系统 2011 ～ 2021 年综合评价得分由 0.1526 增长到 0.2431，年平均增长 0.00905；人才系统 2011 ～ 2021 年综合评价得分由 0.1510 增长到 0.2444，年平均增长 0.00934。

2011 ～ 2013 年广西教育、科技、人才三大系统发展水平相对较低，处于教育、科技、人才协调发展的起步阶段，政府颁布的政策相对较少，教育发展、科技创新、人才培养受重视的程度和政策支持相对匮乏。2013 年，教育部颁布《教育部关于 2013 年深化教育领域综合改革的意见》，提出进一步增强教育改革的系统性、整体性和协同性，为科技、人才的发展提供了良好的环境支撑。

广西逐渐形成了以教育为依托的教育科技人才“三位一体”发展体系，三大系统发展水平逐渐形成教育系统 > 科技系统 > 人才系统的增长模式。2017 年，随着科技系统的滞缓发展，增长模式也发生改变，逐渐形成了教育系统 > 人才系统 > 科技系统的增长模式。总体来看，在三大系统的耦合协调关系中，教育系统处于领先地位，三者关系长期表现为教育系统增长型。

2. 耦合协调程度分析

2011 ~ 2021 年广西教育、科技、人才系统三者的耦合协调度（D）及层级见表 3-7。

表 3-7　2011 ~ 2021 年广西教育、科技、人才系统三者的耦合协调度及层级

年份	D	层级
2011	0.386	低水平耦合协调
2012	0.392	低水平耦合协调
2013	0.405	中水平耦合协调
2014	0.417	中水平耦合协调
2015	0.431	中水平耦合协调
2016	0.445	中水平耦合协调
2017	0.451	中水平耦合协调
2018	0.464	中水平耦合协调
2019	0.478	中水平耦合协调
2020	0.485	中水平耦合协调
2021	0.494	中水平耦合协调

由表 3-7 可以看出，2011 ~ 2021 年，广西教育、科技、人才系统的耦合协调度呈现小幅上升的态势，由 0.386 上升至 0.494 [图 3-2(a)]，提升了 0.108，从耦合协调度层级来看，由低水平耦合协调发展到了中水平耦合协调阶段。2011 ~ 2012 年处于教育、科技、人才协调发展的起步阶段，系统性的发展概念较为薄弱，协调发展水平较低。自党的十八大以来，国家层面颁布了教育、科技、人才相关政策 52 项[①]，针对教育、科技、人才协调发展作出了一系列重大决策部署。为深入贯彻落实国家对教育、科技、人才的改革要求，广西颁布了一系列教育科技人才政策，涉及教育体制改革、科技创新体制改革、科技成果转化、人才培养和评价等多个方面，有力地促进了三者耦合协调度的稳定增长。2013 ~ 2021 年三者耦合协调度上升明显，达到中水平耦合协调阶段。

2011 ~ 2021 年，广西教育、科技系统的耦合协调度由 0.306 上升至 0.393[图 3-2(b)]，二者耦合协调度整体呈上升趋势，但仍然处于低水平耦

① 数据截至 2023 年 12 月 31 日。

合协调阶段。教育与科技发展需求脱节的问题长期存在，专业课程设置、教育内容更新速度均难以跟上科技发展的步伐。教育系统普遍存在注重教学任务完成、对科研关注度较低的情况，即教师主要将精力放在课堂教学和学生指导上，缺乏时间和资源进行科学研究，导致二者耦合协调度增长缓慢。

2011 ～ 2021 年，广西科技、人才系统耦合协调度由 0.310 上升至 0.393 [图 3-2(c)]，但仍然处于低水平耦合协调阶段，增长速率较为缓慢。随着科技的不断创新和产业的升级转型，广西对高端创新人才的需求日益旺盛。在广西人才培养体系中，高端创新人才和技术技能人才短缺的问题突出，人才培养结构与市场需求之间存在着明显的不匹配现象，导致二者耦合协调度增长缓慢。

2011 ～ 2021 年，广西教育、人才系统的耦合协调度由 0.329 上升至 0.423 [图 3-2(d)]，由低水平耦合协调发展到了中水平耦合协调，二者之间的耦合协调度发展较为规律、循序渐进，呈现出良性互动趋势。广西持续加大教育财政投入，不断改善学校办学条件。2021 年，全区一般公共预算教育经费达到 1105 亿元，比 2012 年增加 518 亿元，年均增长 7.3%；高等教育在校生达 172.27 万人，比 2012 年增长了 102%。教育水平和规模的提升为人才产出提供了重要的基础保障，大量高校硕博毕业生补充了科研人员队伍，提高了人才队伍的素质和规模，推动了人才系统的质量提升。因此，广西教育和人才系统的关系更为直接，两者的正相关关系更为显著。

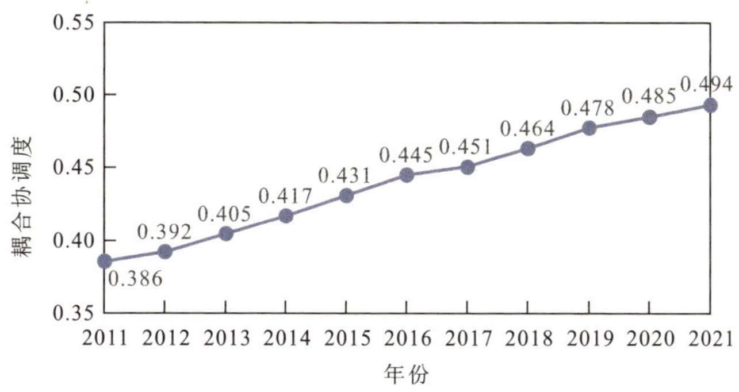

(a)U_1、U_2、U_3 的耦合协调度

图 3-2 教育、科技、人才系统之间的耦合协调度

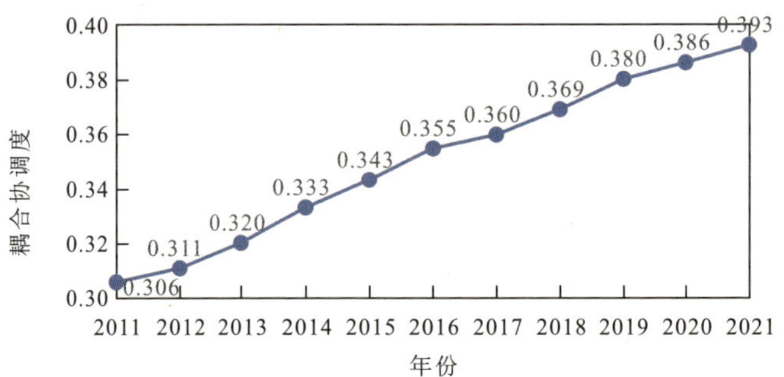

(b)U_1、U_2 的耦合协调度

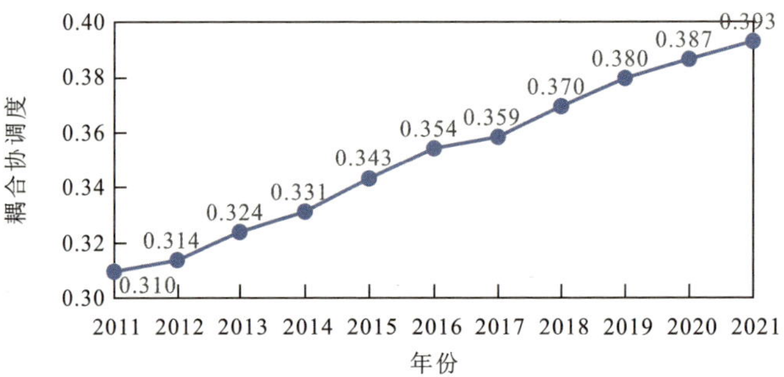

(c)U_2、U_3 的耦合协调度

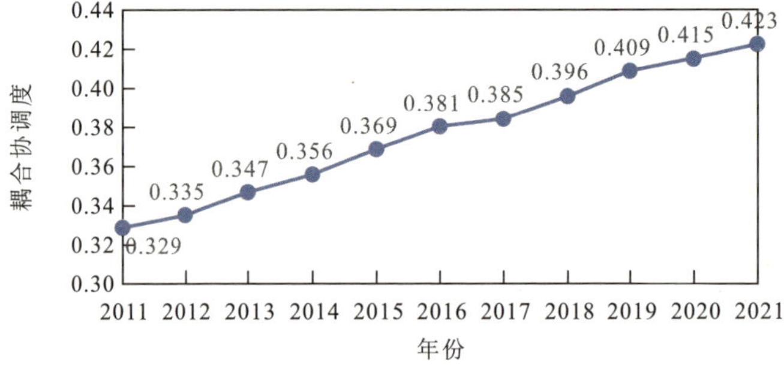

(d)U_1、U_3 的耦合协调度

图 3-2 教育、科技、人才系统之间的耦合协调度（续）

3.3.3　教育、科技、人才耦合协调发展的影响因素分析

从宏观层面来看，人才系统（U_3）与教育、科技、人才三者耦合协调综合系统的关联度最高（0.715）。人才系统在教育、科技、人才三者耦合协调发展中起到重要的推动作用，特别是关键核心领域和重大科技项目的科研人员数量及研发经费投入对三者耦合协调发展的影响较大。科技系统（U_2）与教育、科技、人才三者耦合协调综合系统的关联度为 0.685，处于较高水平关联状态。教育系统（U_1）与教育、科技、人才三者耦合协调综合系统的关联度最低（0.623），处于中等水平关联状态［图 3-3(a)］，这说明教育系统的投入和规模水平在教育、科技、人才三者耦合协调发展形成阶段中影响力较低，对三者耦合协调发展起到的作用相对不显著。人才的发展提高了劳动者素质，为科技创新提供了必要的人力资本。人力资本的优化能够带来技术的升级，技术升级孕育着科技创新，人才的发展同时也代表着教育水平的提高。

从微观层面来看，普通高校数（U_{13}）、专利授权数（U_{23}）、重大科技成果数（U_{24}）、高新技术产业主营业务收入（U_{25}）、在校研究生数占在校学生数比重（U_{34}）与教育、科技、人才三者耦合协调综合系统的关联度均为 0.988，达到高水平关联状态，对被解释变量综合系统具有较强解释作用［图 3-3(b)］。规模以上企业新产品销售收入（U_{26}）与教育、科技、人才三者耦合协调综合系统的关联度为 0.734，为较高水平关联状态。一般公共预算教育支出（U_{11}）与教育、科技、人才三者耦合协调综合系统的关联度为 0.522，专任教师数（U_{12}）与教育、科技、人才

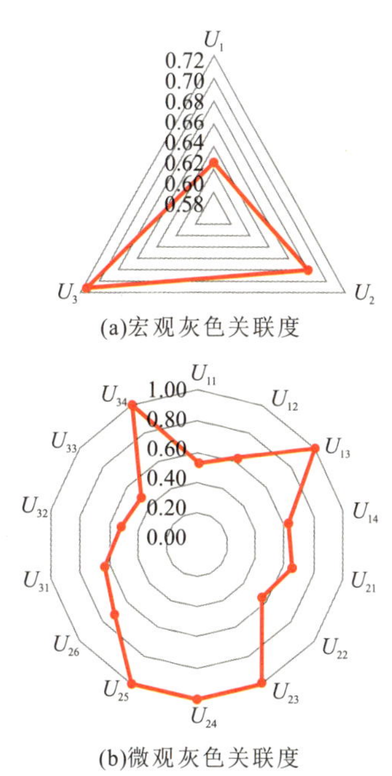

图 3-3　宏微观系统指标之间的灰色关联度

三者耦合协调综合系统的关联度为0.605，在校学生数（U_{14}）与教育、科技、人才三者耦合协调综合系统的关联度为0.603，一般公共预算科技支出（U_{21}）与教育、科技、人才三者耦合协调综合系统的关联度为0.639，高新技术产业新产品开发经费（U_{22}）与教育、科技、人才三者耦合协调综合系统的关联度为0.583，R&D人员折合全时当量（U_{31}）与教育、科技、人才三者耦合协调综合系统的关联度为0.633，R&D经费内部支出（U_{32}）与教育、科技、人才三者耦合协调综合系统的关联度为0.551，科学研究和技术服务人员（U_{33}）与教育、科技、人才三者耦合协调综合系统的关联度为0.477，均处于中等水平关联状态，对被解释变量综合系统的解释作用中等。高校是科研创新的主要阵地，通过高水平科学研究培养高质量创新人才，为国家科研机构、科技领军企业和研究型大学提供战略人才。高校科技成果供给质量和转化效率的提升能够有效促进高新技术产业的发展，为科技发展提供重要支撑。

3.4 制约广西教育科技人才“三位一体”发展的堵点问题

教育、科技、人才是推进中国式现代化建设的“最大创新资源”。当前广西教育、科技、人才工作一体推进尚存在“合而不力”“联而不强”等困难和问题，主要体现为以下五大堵点。

3.4.1 “堵”在管理体制条块分割

教育、科技、人才在行政管理体制中分属不同职能部门，导致一体化推进中存在无形阻力和制度成本。广西教育、科技、人才工作缺乏统一的发展规划目标，一体化推进教育、科技、人才融合发展的顶层设计和政策体系不明晰，存在业务沟通联系不够密切，协同意识不强，信息、数据共享机制不完善，业务融合不足等问题，工作合力有待加强，各主管部门的职能壁垒亟待打破，战略一体谋划、管理一体协同、工作一体布局、事业一体推进、资源一体配置、政策一体设计均尚未实现。调研发现，不管是政府部门，还是高校、科研院所和企业等均缺乏推进教育科技人才“三位一体”融合发展的意识，尚停留在就教育论教育、就科技论科技、就人才论人才的层面。

3.4.2 “堵”在办学规模偏小和层次不高

1. 本科高校数量偏少和本科生规模偏小

截至 2024 年 6 月，广西全区共有普通高等学校 89 所，独立设置的成人高等学校 4 所。而同处中西部地区，整体经济发展水平与广西相当的江西省，总人口比广西少 500 万人左右，却拥有 111 所普通高等学校。全国各省（区、市）高等学校数量见表 3-8。

表 3-8　全国各省（区、市）高等学校数量（截至 2024 年 6 月）

省（区、市）	普通高等学校数量 / 所	成人高等学校数量 / 所	合计数量 / 所	排名
河南省	174	10	184	1
江苏省	172	8	180	2
广东省	165	14	179	3
山东省	161	11	172	4
湖南省	139	11	150	5
四川省	139	11	150	5
湖北省	133	13	146	7
河北省	129	5	134	8
辽宁省	114	18	132	9
安徽省	125	6	131	10
浙江省	109	8	117	11
江西省	111	4	115	12
北京市	92	23	115	12
陕西省	97	14	111	14
黑龙江省	78	16	94	15
广西壮族自治区	89	4	93	16

续表

区内名次	学校名称	全国排名	办学层次	排名
云南省	91	1	92	17
福建省	88	3	91	18
山西省	83	8	91	18
贵州省	80	3	83	20
上海市	69	12	81	21
吉林省	67	14	81	21
重庆市	73	3	76	23
新疆维吾尔自治区	63	6	69	24
天津市	56	13	69	24
内蒙古自治区	54	2	56	26
甘肃省	50	4	54	27
海南省	25	1	26	28
宁夏回族自治区	22	1	23	29
青海省	13	2	15	30
西藏自治区	7	0	7	31

2. 硕博士招生规模小

广西高等教育办学层次仍以本专科生为主，研究生规模偏小，截至2023 年 6 月，有博士学位授权点的高校仅 7 所，有硕士学位授权点的高校 14 所；38 所普通本科学校中具有硕士研究生培养资格的高校占比为37%，自主培养高层次人才能力薄弱。广西博士硕士学位授权单位和学位授权点数量偏少严重制约了研究生培养能力的提高。

3. 高校教师队伍整体水平有待提升

2022 年，广西本科层次职业学校专任教师仅 0.28 万人，学校师资缺口较大。广西的两院院士、长江学者、国家杰青等国家级领军人才和创新型人才数量与东部教育发达省份相比仍有较大差距。河池学院、百色学院、贺州学院等高校受区位、收入水平、教育资源等多方面因素影响，人才引进难度大。

4. 高水平学科专业和科研平台偏少

截至 2023 年底，广西高水平大学和标志性学科偏少，仅有广西大学土木工程学科进入国家“世界一流学科”建设行列；高水平专业数量偏少，通过工程教育专业认证的专业仅 33 个，存在“有山无峰”“山多峰少”的局面。全区高校拥有的国家级和教育部科研平台数量仅相当于一所 985 高校（如湖南大学、大连理工大学）的数量，为高校汇聚高层次人才和开展有组织科研活动提供的平台支撑不足。

3.4.3 “堵”在融合发展基础薄弱

1. 区域教育资源与产业布局匹配度不高

教育、科技、人才资源禀赋存在差异是导致区域发展不协调不充分的关键因素。广西的高等教育资源主要集中在南宁、桂林两地，桂中、桂东、桂西的高等教育资源贫瘠。在普通高等学校数量方面，截至 2024 年 6 月，南宁 37 所、桂林 13 所、崇左 8 所、柳州 7 所、百色 5 所、北海 4 所，梧州、钦州、玉林各 3 所，来宾、河池各 2 所，防城港、贵港、贺州均为 1 所（图 3-4）。而广西的产业资源则主要集中在以柳州为代表的桂中地区及重点发展的北部湾经济区。

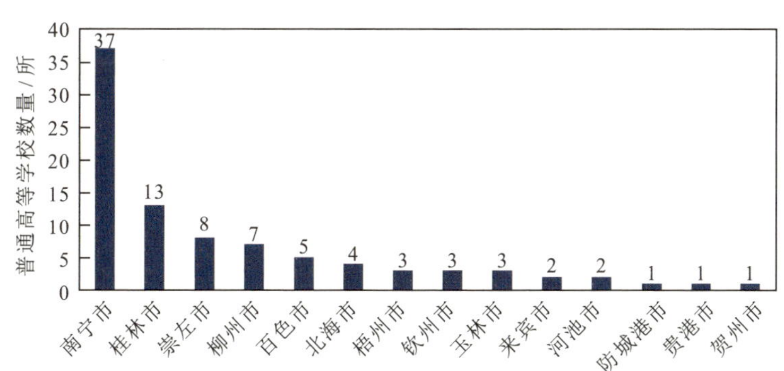

图 3-4　广西各市普通高等学校数量分布

2. 学科专业与战略性新兴产业需求脱节

“十四五”时期，广西提出要培育壮大新一代信息技术产业、新能源产业、生物技术产业、数字创意及新兴服务业、高端装备制造产业、新材料产业、绿色环保产业、智能及新能源汽车产业、未来产业 9 大战略性新兴产业，在持续释放发展动能的同时，也打开了就业新空间、释放了就业新红利，为高校毕业生就业提供了新机遇。调研数据显示，2023 届广西高校毕业生在广西“十四五”规划战略产业就业的总体比例仅为 43.07%。其中专科生为 47.53%、本科生为 37.47%、硕士生为 40.87%、博士生为 51.76%（图 3-5）；毕业生就业分布在高端装备制造产业、新材料产业、绿色环保产业、智能及新能源汽车产业的占比分别为 7.81%、7.04%、6.57%、6.28%（表 3-9）。说明广西高校学科专业布局对战略性新兴产业的需求反应滞后，学科专业建设处于探索中，人才培养未能与战略性新兴产业有机联动。

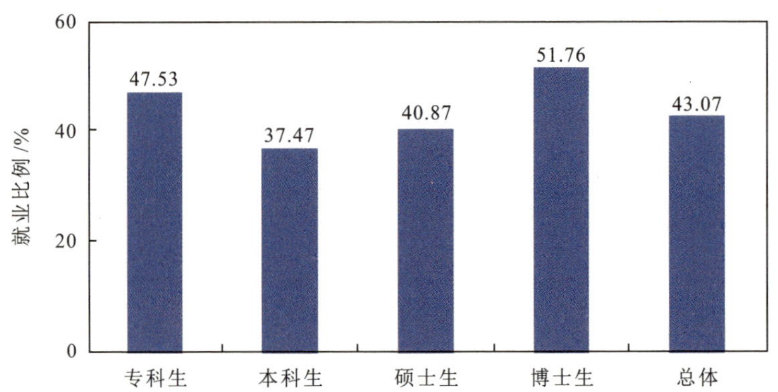

图 3-5　2023 届广西高校毕业生在广西“十四五”规划战略产业就业的比例

表 3-9　2023 届广西高校毕业生在广西“十四五”规划战略产业就业的分布（%）

广西“十四五”规划产业分布	专科生	本科生	硕士生	博士生	总体
新一代信息技术产业	37.55	33.80	35.59	22.73	36.10
新能源产业	13.64	13.97	13.88	4.55	13.76
生物技术产业	10.66	9.21	10.92	50.00	10.20

续表

广西“十四五”规划产业分布	专科生	本科生	硕士生	博士生	总体
数字创意及新兴服务业	8.26	10.56	6.71	0.00	9.00
高端装备制造产业	7.14	8.65	10.20	2.27	7.81
新材料产业	6.98	7.12	7.30	6.82	7.04
绿色环保产业	6.25	6.94	7.76	9.09	6.57
智能及新能源汽车产业	6.02	6.72	6.25	4.55	6.28
未来产业	3.51	3.04	1.38	0.00	3.24

3. 财力物力保障滞后于融合发展需求

广西自身财力有限，各地市之间投入差异大，财政对教育、科技的投入力度和保障能力难以满足教育科技人才“三位一体”融合发展的实际需要。

（1）高等教育投入不足，高质量发展的保障能力有待提高。充足的办学经费是高等教育发展的重要保障，经费的多少体现了高校受支持的力度，也在一定程度上反映了高校发展的潜力。据不完全统计，2024 年全国至少有 343 所高校的预算经费超过 10 亿元，其中 24 所高校的预算经费超过 100 亿元。其中，2024 年广西大学以 30.02 亿元的预算经费排全国第 92 位，也是广西高校中预算经费唯一超过 30 亿元的高校；广西师范大学以 21.34 亿元的预算经费排全国第 130 位；桂林理工大学以 19.63 亿元的预算经费排全国第 150 位；桂林电子科技大学以 17.29 亿元的预算经费排全国第 177 位；广西医科大学以 13.82 亿元的预算经费排全国第 244 位（表 3-10）。数据表明，广西高等教育投入水平与先进地区相比差距较大，难以支撑广西高等教育高质量发展。

全国“双一流”高校 2024 年预算经费、在校生人数、生均预算经费见表 3-11。

表 3-10　广西部分高校 2023 ～ 2024 年预算经费情况

2024 年在全区预算经费排名	2024 年在全国 740 所高校预算经费排名	高校名称	2024 年预算经费 / 亿元	2023 年预算经费 / 亿元	增减量 / 亿元	增减幅度 /%
1	92	广西大学	30.02	31.28	–1.26	–4.03
2	130	广西师范大学（本级）	21.34	22.02	–0.68	–3.09

续表

2024 年在全区预算经费排名	2024 年在全国 740 所高校预算经费排名	高校名称	2024 年预算经费 / 亿元	2023 年预算经费 / 亿元	增减量 / 亿元	增减幅度 /%
3	150	桂林理工大学	19.63	21.87	−2.24	−10.24
4	177	桂林电子科技大学	17.29	20.48	−3.19	−15.58
5	244	广西医科大学（本级）	13.82	13.37	0.45	3.37
6	300	广西民族大学	11.57	11.27	0.30	2.66
7	314	南宁师范大学（本级）	11.12	9.92	1.20	12.10
8	345	广西中医药大学（本级）	9.21	8.59	0.62	7.22
9	414	广西科技大学（本级）	7.86	8.35	−0.49	−5.87
10	455	桂林航天工业学院	7.48	4.43	3.05	68.85
11	458	广西财经学院	7.46	6.88	0.58	8.43
12	489	北部湾大学	6.90	6.49	0.41	6.32
13	503	河池学院	6.66	5.56	1.10	19.78
14	509	桂林医学院	6.58	5.92	0.66	11.15
15	556	广西艺术学院（本级）	5.80	5.73	0.07	1.22
16	560	玉林师范学院	5.81	6.51	−0.70	−10.75
17	567	右江民族医学院	5.60	4.12	1.48	35.92
18	583	贺州学院	5.35	4.81	0.54	11.23
19	586	广西科技师范学院	5.32	4.01	1.31	32.67
20	597	百色学院	5.14	5.26	−0.12	−2.28
21	630	广西民族师范学院	4.43	3.71	0.72	19.41
22	633	桂林旅游学院	4.34	3.93	0.41	10.43
23	667	梧州学院	3.84	3.89	−0.05	−1.29
24	707	广西职业师范学院	2.93	3.57	−0.64	−17.93

数据来源：广西壮族自治区教育厅和各高校官网。

数据说明：全国排名整理时未统计中国科学技术大学和中国科学院大学；表中数据已修约处理，故与表 3-11 略有出入。

表 3-11　全国“双一流”高校 2024 年预算经费、在校生人数、生均预算经费

学校名称	在校生人数 / 人	预算经费 / 亿元	生均预算经费 / 万元
北京大学	54361	243.299749	44.7563048

续表

学校名称	在校生人数 / 人	预算经费 / 亿元	生均预算经费 / 万元
中国人民大学	28224	99.886027	35.3904574
清华大学	60919	385.692317	63.3123191
北京交通大学	32010	66.350035	20.7279084
北京工业大学	24215	47.835930	19.7546685
北京航空航天大学	37706	148.842942	39.4746040
北京理工大学	34838	135.691491	38.9492769
北京科技大学	27474	72.830016	26.5087049
北京化工大学	25170	39.777293	15.8034537
北京邮电大学	27000	60.971660	22.5820962
中国农业大学	27029	83.399383	30.8555192
北京林业大学	21832	25.585778	11.7193926
北京中医药大学	15804	34.813733	22.0284314
北京师范大学	31896	116.056439	36.3858913
首都师范大学	22069	23.164953	10.4966029
北京外国语大学	11222	17.180175	15.3093699
中国传媒大学	17901	28.811841	16.0951013
中央财经大学	17379	25.284008	14.5485977
对外经济贸易大学	17400	20.092500	11.5474137
中央音乐学院	2313	9.199154	39.7715261
中国音乐学院	2188	10.883283	49.7407815
中央美术学院	6398	12.904916	20.1702344
中央戏剧学院	2883	4.227868	14.6648213
中国政法大学	16866	20.711656	12.2801233
华北电力大学	39885	52.473078	13.1560932
中国矿业大学（北京）	16674	25.256559	15.1472706
中国石油大学（北京）	24950	55.853972	22.3863615
中国地质大学（北京）	17587	36.011725	20.4763319
南开大学	33018	64.029878	19.3924156
天津大学	38484	92.247772	23.9704219
天津工业大学	24923	19.032330	7.6364522
天津医科大学	11509	11.039011	9.5916335

续表

学校名称	在校生人数 / 人	预算经费 / 亿元	生均预算经费 / 万元
天津中医药大学	17393	13.070065	7.5145547
河北工业大学	33482	21.365017	6.3810456
山西大学	35381	25.268759	7.1419007
太原理工大学	43495	29.209821	6.7156732
内蒙古大学	24584	20.210551	8.2210181
辽宁大学	26153	11.130127	4.2557744
大连理工大学	46796	100.171487	21.4059934
东北大学	51449	74.335712	14.4484269
大连海事大学	25871	33.410175	12.9141413
吉林大学	72008	102.11606	14.1812104
延边大学	29296	10.667027	3.6411206
东北师范大学	26924	30.991617	11.5107773
哈尔滨工业大学	58292	194.634487	33.3895709
哈尔滨工程大学	32073	72.931899	22.7393443
东北农业大学	32735	17.990284	5.4957336
东北林业大学	29349	20.450040	6.9678830
复旦大学	47148	182.260527	38.6571067
同济大学	42622	161.309477	37.8465292
上海交通大学	48351	281.576575	58.2359361
华东理工大学	29776	46.908576	15.7538205
东华大学	25633	37.350452	14.5712370
上海海洋大学	17800	14.416622	8.0992258
上海中医药大学	9072	11.282357	12.4364605
华东师范大学	31729	74.195495	23.3841265
上海外国语大学	11325	16.373690	14.4580044
上海财经大学	14059	25.439262	18.0946454
上海体育大学	7770	6.988553	8.9942767
上海音乐学院	3024	6.738434	22.2831812
上海大学	39558	49.508191	12.5153422
上海科技大学	5977	18.947260	31.7002844
南京大学	38893	121.408531	31.2160365

续表

学校名称	在校生人数 / 人	预算经费 / 亿元	生均预算经费 / 万元
苏州大学	45288	59.541942	13.1473993
东南大学	40479	160.696162	39.6986491
南京航空航天大学	34301	91.046730	26.5434622
南京理工大学	30000	86.556089	28.8520296
中国矿业大学	34850	51.018597	14.6394826
南京邮电大学	32683	18.034704	5.5180687
河海大学	41669	49.203240	11.8081163
江南大学	32861	49.471101	15.0546547
南京林业大学	32171	17.185451	5.3419076
南京信息工程大学	40731	20.721799	5.0874761
南京农业大学	28212	35.772245	12.6797976
南京医科大学	21841	23.104095	10.5783137
南京中医药大学	21185	16.872478	7.9643511
中国药科大学	19730	33.481617	16.9699021
南京师范大学	35368	25.485057	7.2056822
浙江大学	68572	328.808115	47.9507838
中国美术学院	10359	15.588337	15.0481098
宁波大学	31649	39.188730	12.3822964
安徽大学	44406	23.085610	5.1987591
合肥工业大学	45545	48.688172	10.6901244
厦门大学	42187	117.236619	27.7897501
福州大学	41123	40.211293	9.7782975
南昌大学	50461	37.503456	7.4321666
山东大学	70117	139.705160	19.9245774
中国海洋大学	31890	61.559714	19.3037673
中国石油大学（华东）	29452	50.116000	17.0161618
郑州大学	71766	37.616570	5.2415586
河南大学	49886	34.544270	6.9246421
武汉大学	56054	141.198650	25.1897545
华中科技大学	60545	137.703484	22.7439894
中国地质大学（武汉）	32594	55.487353	17.0237936

续表

学校名称	在校生人数 / 人	预算经费 / 亿元	生均预算经费 / 万元
武汉理工大学	61690	77.122249	12.5015803
华中农业大学	32982	48.845684	14.8098004
华中师范大学	43630	39.725720	9.1051386
中南财经政法大学	30389	26.440812	8.7007838
湘潭大学	38320	14.051148	3.6667922
湖南大学	38638	97.839697	25.3221432
中南大学	62553	108.389370	17.3276053
湖南师范大学	41809	19.292810	4.6145112
中山大学	61215	178.393898	29.1421870
华南理工大学	63466	120.387980	18.9688935
华南农业大学	63258	32.369601	5.1170762
广州医科大学	15195	17.770363	11.6948752
广州中医药大学	21214	14.635720	6.8990855
华南师范大学	45053	38.158943	8.4697895
南方科技大学	10526	59.484299	56.5117794
广西大学	40199	30.017206	7.4671524
海南大学	42672	45.570177	10.6791753
重庆大学	47742	87.135700	18.2513719
西南大学	56970	58.227635	10.2207539
四川大学	66325	120.290814	18.1365720
西南交通大学	46245	66.524732	14.3852810
电子科技大学	39810	80.567821	20.2380861
西南石油大学	39975	20.156890	5.0423739
成都理工大学	39169	20.373527	5.2014417
四川农业大学	44352	18.952457	4.2731910
成都中医药大学	26888	14.082823	5.2375866
西南财经大学	20637	23.151493	11.2184392
贵州大学	47201	31.287528	6.6285731
云南大学	32928	18.346264	5.5716302
西藏大学	13530	7.854218	5.8050391
西北大学	27026	13.836739	5.1197879

续表

学校名称	在校生人数 / 人	预算经费 / 亿元	生均预算经费 / 万元
西安交通大学	59134	160.983609	27.2235277
西北工业大学	38157	123.640562	32.4031139
西安电子科技大学	39200	76.897496	19.6167081
长安大学	37844	48.061617	12.6999305
西北农林科技大学	36836	60.099047	16.3153021
陕西师范大学	31137	35.881525	11.5237579
兰州大学	38861	66.210663	17.0378176
青海大学	26000	12.565229	4.8327803
宁夏大学	25989	11.981437	4.6101954
新疆大学	36796	24.564124	6.6757593

注：生均预算经费 = 各高校 2024 年度预算经费 / 在校生人数；各高校 2024 年度预算经费数据来源于各省（区、市）教育厅（教委）和各高校官网，仅汇总了高校本部 / 本级年度预算经费，不包含高校附属单位预算经费；在校生人数来源于各高校官网简介或信息公开网最新统计数据，包括全日制预科学生、普通本专科学生、硕士生研究生、博士生研究生和外国留学生人数；表格信息为手工整理统计，收集时间截至 2024 年 4 月 28 日。

（2）科研活动人力和财力投入不足。根据《中国区域科技创新评价报告 2024》，2022 年广西科技活动人力投入指数排全国第 26 位，科技活动财力投入指数排全国第 23 位；R&D 经费内部支出 217.94 亿元，居全国第 21 位，与生产总值比值为 0.83%，居全国第 28 位；R&D 经费中基础研究经费支出 17.13 亿元，居全国第 24 位；企业 R&D 经费内部支出 150.57 亿元，居全国第 22 位。

2022 年各省（区、市）R&D 经费支出与 GDP（gross domestic product，国内生产总值）比值排名、2022 年各省（区、市）基础研究经费投入强度指数排名、2022 年各省（区、市）企业 R&D 经费支出占营业收入比重排名分别如图 3-6 ～图 3-8 所示。《中国区域科技创新评价报告 2024》建立的区域科技创新评价指标体系由科技创新环境、科技活动投入、科技活动产出、高新技术产业化和科技促进经济社会发展 5 个一级指标（要素指数）和科技人力资源、科研物质条件、科技意识、科技活动人力投入、科技活动财力投入、科技活动产出水平、技术成果市场化、高新技术产业化水平、高新技术产业化效益、经济发展方式转变、环境改善、社会生活信息化 12 个二级指标组成（图 3-9）。2022 年广西一、二级评价指标与上年水平和全国水平比较如图 3-10 所示。

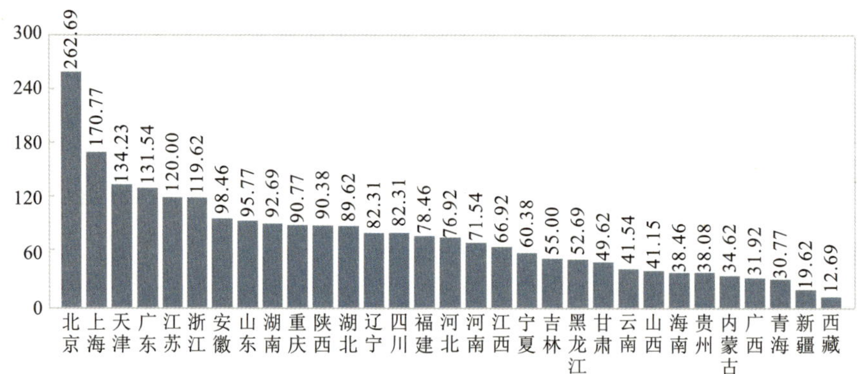

图 3-6　2022 年各省（区、市）R&D 经费支出与 GDP 比值排名

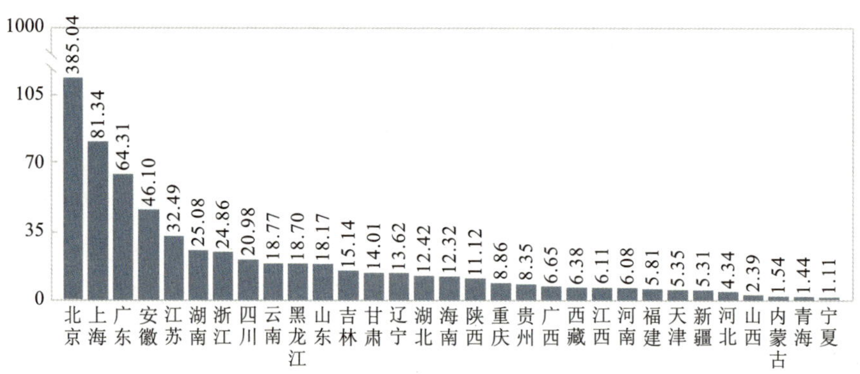

图 3-7　2022 年各省（区、市）基础研究经费投入强度指数排名

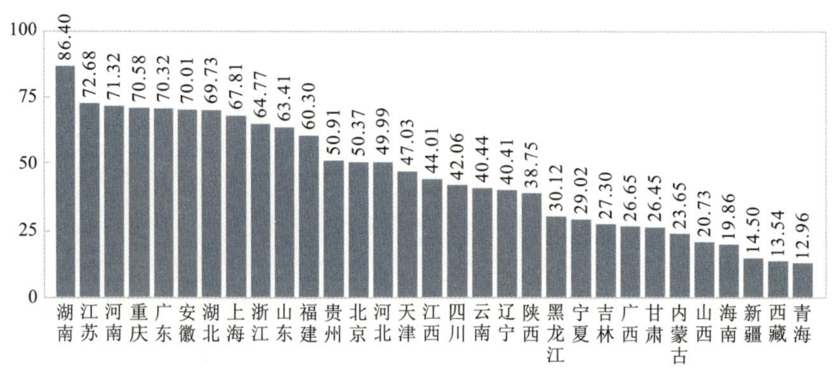

图 3-8　2022 年各省（区、市）企业 R&D 经费支出占营业收入比重排名

图 3-9　区域科技创新评价指标体系

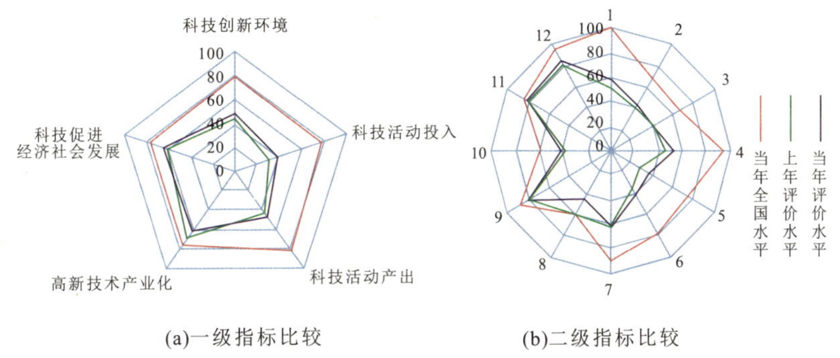

(a)一级指标比较　(b)二级指标比较

图 3-10　2022 年广西一、二级评价指标与上年水平和全国水平比较

1. 科技人力资源；2. 科研物质条件；3. 科技意识；4. 科技活动人力投入；5. 科技活动财力投入；6. 科技活动产出水平；7. 技术成果市场化；8. 高新技术产业化水平；9. 高新技术产业化效益；10. 经济发展方式转变；11. 环境改善；12. 社会生活信息化

3.4.4　“堵”在科技创新能力不强

1. 科技活动产出水平有待提升

如图 3-11～图 3-13 所示，根据《中国区域科技创新评价报告 2024》的权威评估显示，2022 年广西整体科技活动产出水平指数排名居全国第 24 位，其中万人科技论文数排名居全国第 28 位；有效注册商标数增长缓慢，万人有效注册商标数排名居全国第 30 位；每万人口高价值发明专利拥有量排名居全国第 24 位。

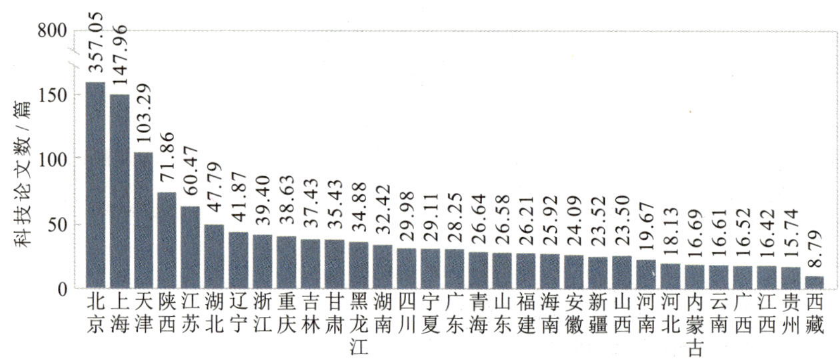

图 3-11　2022 年各省（区、市）万人科技论文数排名

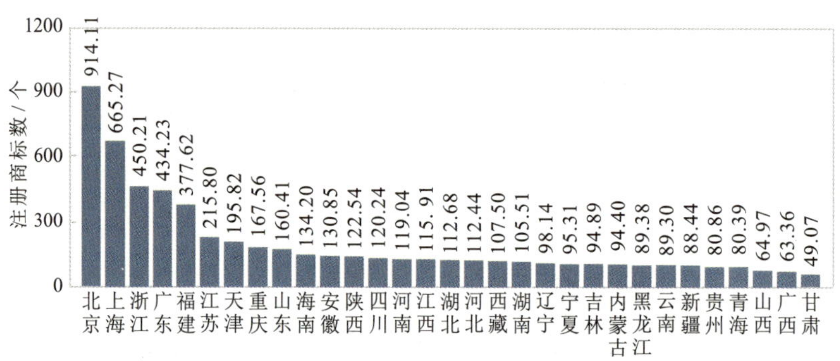

图 3-12　2022 年各省（区、市）万人有效注册商标数排名

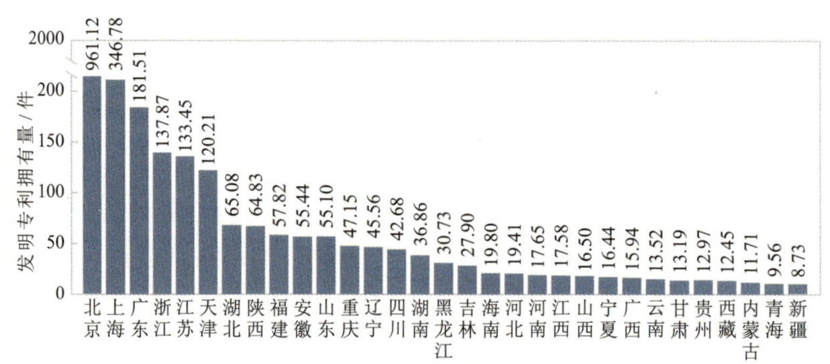

图 3-13　2022 年各省（区、市）每万人口高价值发明专利拥有量排名

2. 高校与科研院所联动不强

目前广西仍然存在着科研院所和高校各自为政的“两张皮”现象。①高校与科研院所尚未融合形成利益共同体，高等教育和科技创新的联动发展不够，产教融合、科教融汇的推进力度不够，产学研合作有待加强。科研院所在平台、项目、团队、市场等方面具有优势，侧重于科研成果产出；而高校在学科建设和人才培养方面具有优势，侧重于人才培养，两者亟待整合资源、优势互补。由于高校与科研院所未能融合形成利益共同体，在开展科教融合协同创新方面缺乏专业政策和资金支持，缺乏明晰、长远的发展目标，资源整合不畅，协同联动不强，未形成“学科 - 平台 - 项目 - 团队 - 人才输出”的良性循环模式。②科研院所与高校的竞争大于合作，抢项目和抢人才的现象时有发生。③缺乏科学合理的制度保障。由于高校、科研院所之间的投资、分配、知识产权归属、技术转让等各项制度不完备，合作过程中产权分配争议、管理协调难、学科融合成效差等弊端也日益显露，引起社会的普遍关注。

3.4.5　“堵”在高学历人才紧缺和流失

1. 高学历人才紧缺

广西财政收入总量小、增速不快，多年来对人才工作投入少，一直未设立人才专项资金，经过自治区党委组织部积极争取，2023 年首次设立

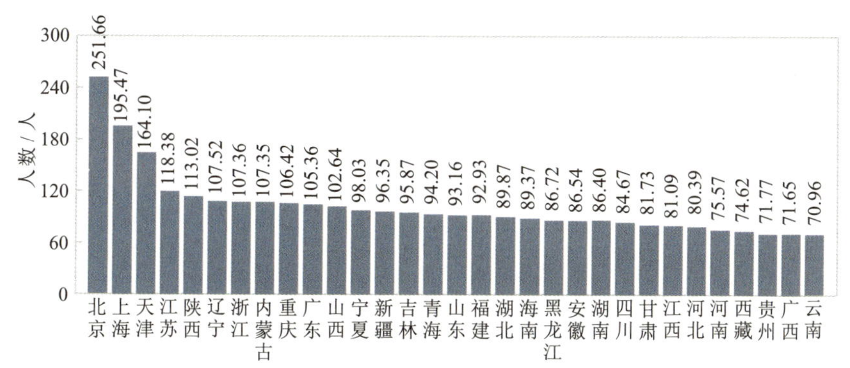

图 3-14　2022 年各省（区、市）万人大专以上学历人数排名

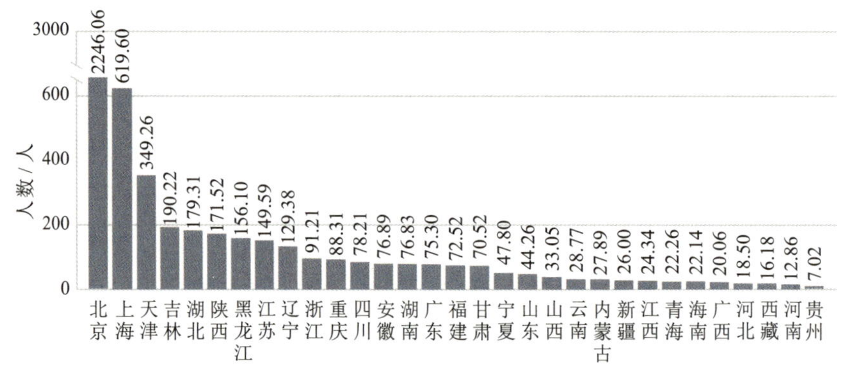

图 3-15　2022 年各省（区、市）十万人博士毕业生数排名

规模约 6.5 亿元的自治区人才专项资金，用于开展人才引育工作，但相比云南省自 2019 年开始每年投入 40 亿元开展人才引育工作，广西的投入规模差距显著。根据《中国区域科技创新评价报告 2024》，2022 年广西科技人力资源指数居全国第 27 位，万人大专以上学历人数居全国第 30 位，十万人博士毕业生数居全国第 27 位（图 3-14、图 3-15）。

2. 人才流失严重

与先进省份相比，广西在薪酬、安家政策、硬件条件上不具优势，导致人才流失到广西区外的比例相当大。根据广西壮族自治区教育厅发布的《广西壮族自治区 2023 届普通高校毕业生就业质量年度报告》数据，2023 届广西高校毕业生区内签约人数为 163321 人，占签约总人数的 61.92%。从区外就业区域来看，主要集中在珠三角地区，签约人数为 59836 人，占签约总人数的 22.68%（表 3-12）。以桂林理工大学为例，该校 2023 届毕业生在广西就业的比例为 40.58%，到广东省就业的比例为 30.10%。桂林电子科技大学 2023 届毕业生中，有 46.5% 的人在广东省就业，留在广西就业的只占 37.5%。如何留住人才、引导人才回流，成为广西面临的一项长期性难题。

表 3-12　2023 届广西高校毕业生全国主要区域就业情况一览表

项目名称	区域名称	签约人数 / 人	占比 /%
全国主要经济区域就业	广西壮族自治区	163321	61.92%

续表

项目名称	区域名称	签约人数 / 人	占比 /%
全国主要经济区域就业	珠三角	59836	22.68%
	其他	25236	9.57%
	长三角	12085	4.58%
	京津唐	3296	1.25%

注：①签约人数以落实工作单位为统计标准，不含升学（出境）、应征义务兵；②占比 = 各区域签约人数 / 签约总人数；③数据来源于广西壮族自治区教育厅官网，其中占比数据已重新修约。

3. 硕士生留桂意愿比例低

高校毕业生是宝贵的人才资源，做好毕业生留桂工作是对广西教育科技人才一体改革的必然要求。调研数据显示，2023 届广西高校毕业生中愿意留桂就业的占 79.79%，分学历层次来看，专科生占 84.10%、本科生占 75.26%、硕士生占 54.04%、博士生占 81.82%，硕士生愿意留桂就业的比例相对较低（图 3-16）。从影响因素来看，2023 届广西高校毕业生认为影响自身留桂就业的前 3 个因素为“离家距离 / 地理位置”“职业成长机会”“经济社会发展水平”，比例分别为 37.18%、36.69%、34.85%（图 3-17）。由此可见，广西亟须在形成拴心留人的发展环境上下更大力气，全力破除人才培养、使用、评价、服务、支持、激励等方面的障碍，优化人才结构，

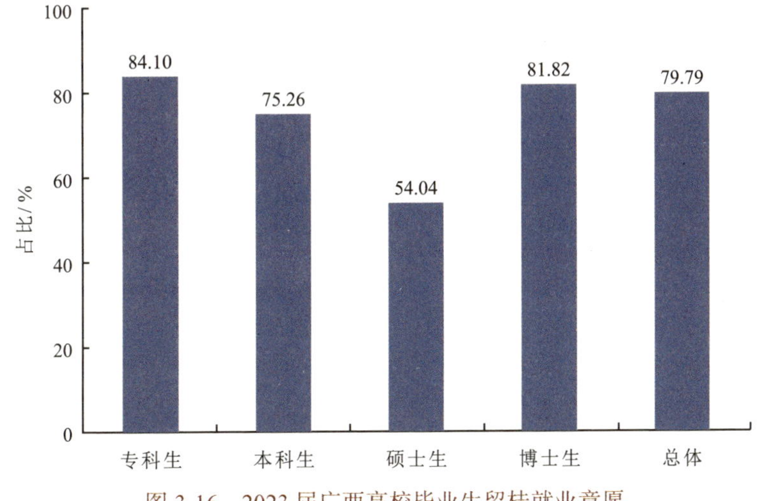

图 3-16　2023 届广西高校毕业生留桂就业意愿

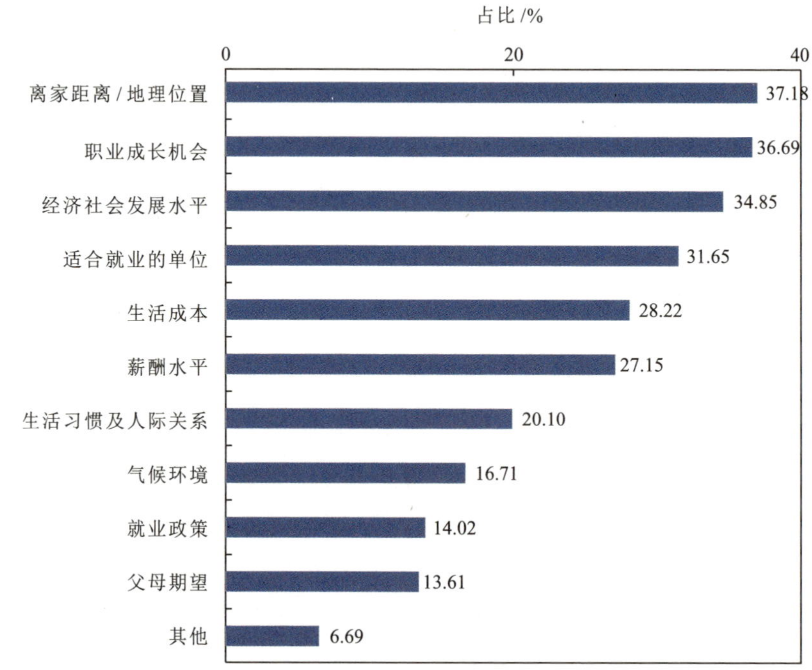

图 3-17　2023 届广西高校毕业生留桂就业影响因素分布

为人才健康成长提供沃土，让更多人才选择广西、留在广西。

重点领域探索与实践篇

| 教育·科技·人才三位一体融合发展研究与探索 |

第 4 章

广西产业、教育、智库“三位一体”发展现状分析

广西壮族自治区党委、政府历来高度重视产业、教育、智库工作，始终把教育振兴和产业振兴摆在优先发展的战略位置，着力构建“1+1+6+4”的广西特色新型智库体系，多措并举促进产教融合、智库与产教融汇，推动教育链、产业链、创新链与人才链有机融合，在产业、教育、智库“三位一体”融合发展上取得了初步成效，全区产业、教育、智库综合实力和整体水平迈上新台阶，被教育部认定为“2022 年职业教育改革成效明显省（区、市）”之一。

4.1 发展现状：呈现出五大新特征

4.1.1 产业、教育、智库融合发展的政策环境开创新局面

1. 引领产教融合发展的政策不断健全

广西出台了《广西壮族自治区人民政府办公厅关于深化产教融合的实施意见》《广西壮族自治区“十四五”产教融合建设试点工作方案》《广西壮族自治区关于推进高等职业学校产业学院建设的指导意见》《广西职业教育校企合作促进办法（试行）》等政策文件，将产教融合融入经济转型升级各个环节，统筹优化教育与产业结构，规划引领产教融合发展，促进

全区教育链、人才链、产业链有机衔接，初步形成了以城市为节点、行业为支点、企业为重点、学校为基点的产教融合发展新格局。

2. 持续深化高等教育领域综合改革

广西出台了《广西教育现代化2035》《广西高等教育振兴发展“十四五”规划》《关于深化本科教育教学改革全面提高人才培养质量的实施意见》《广西高等教育本科教学改革工程项目管理办法》等制度文件，破解制约高等教育科学发展的体制机制障碍。

3. 不断健全完善特色新型智库管理制度

广西出台了《关于加强广西特色新型智库建设的实施意见》《广西特色新型智库联盟章程》等文件，构建了“1+1+6+4”的广西特色新型智库体系，即以一个决策咨询委员会为统筹，一个智库联盟为协调，党政部门智库、社科院和党校行政学院干部学院智库、高校智库、科研院所智库、企业智库、社会智库6类智库建设为主体，信息库、专家库、需求库、成果库4种服务平台为支撑的广西特色新型智库体系。

4.1.2 形成高校专业布局对产业体系全覆盖的新格局

1. 广西高等院校专业与全区重点产业的匹配和融合度进一步增强

“十四五”以来，广西高校新增本科专业点170个，撤销专业点88个，其中有39个新增本科专业点填补了广西布点空白。广西高等院校专业分类如图4-1所示。聚焦产业发展迫切需要，新增博士学位授权单位6个、博士学位授权点53个，新增硕士学位授权单位5个、硕士学位授权点232个，学位授权结构进一步优化。开展一流本科专业建设，截至2024年10月，共获批国家级一流本科专业建设点195个，确立自治区级一流本科专业建设点348个；完成一流课程三年建设行动，141门课程入选国家级一流本科课程，确立自治区级一流本科课程900门。2024年，全区共有108个自治区级“四新”研究与实践项目获批立项，其中新工科类33个、新医科类20个、新农科类20个、新文科类35个。截至2024年12月，全区高校进入ESI学科全球排名前1%的学科数增加到36个。

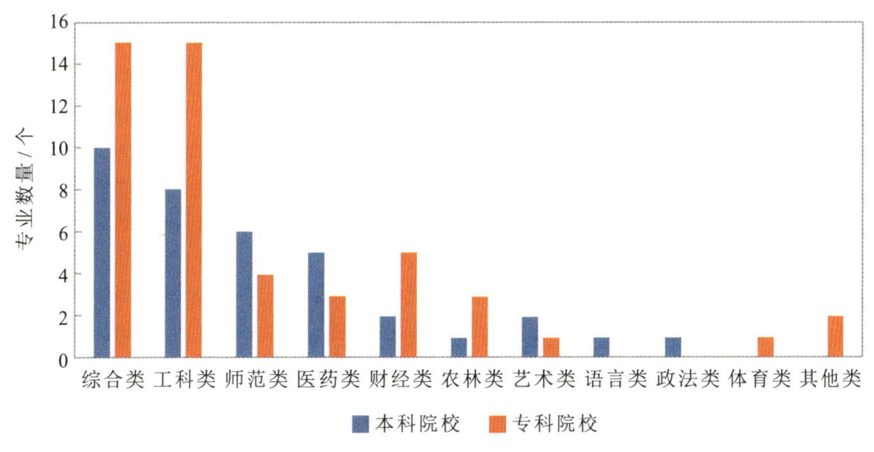

图 4-1　广西高等院校专业分类

2. 职业学校专业布局与产业发展结构基本吻合

2022 年，全区有职业院校 306 所（含技工学校），中职 - 高职 - 本科有效衔接；建成 575 个自治区职业教育示范特色专业及实训基地，专业布局与广西产业发展结构基本吻合，实训条件实现与先进企业标准对接。截至 2024 年 3 月，全区有中职专业 204 个、专业点 1986 个，高职专科专业 398 个、专业点 2068 个，高职本科专业 47 个、专业点 53 个，高等学历继续教育（包括本科、高职）专业 274 个、专业点 925 个；专业覆盖第一产业、第二产业和第三产业，专业布局与广西产业发展结构基本吻合，涉及工业机器人、养老、托幼等一批产业、社会急需的专业有序开设。2022 届广西不同学科专科毕业生就业情况见表 4-1。

表 4-1　2022 届广西不同学科专科毕业生就业情况一览表

学科	毕业生数 / 人	初次毕业去向落实率 /%
水利大类	563	88.28
能源动力与材料大类	2457	86.94
农林牧渔大类	3073	86.59
装备制造大类	20798	85.89
轻工纺织大类	191	85.86

续表

学科	毕业生数 / 人	初次毕业去向落实率 /%
生物与化工大类	663	84.77
电子信息大类	23800	83.40
公安与司法大类	1564	83.38
食品药品与粮食大类	2516	83.35
资源环境与安全大类	2831	82.55
公共管理与服务大类	2648	82.52
新闻传播大类	1348	81.38
交通运输大类	14400	81.36
医药卫生大类	19563	81.05
旅游大类	8191	80.94
教育与体育大类	28348	80.87
财经商贸大类	49569	80.80
土木建筑大类	29531	80.20
文化艺术大类	11074	79.56

4.1.3 产教融合双向对接与良性互动取得新成效

1. 产教融合中心建设成效明显

广西积极打造产教融合中心，培养对接区域产业发展的高端技术技能人才，支持普通本科高校以全区产业发展急需为牵引，建设一批紧密对接广西主导优势产业和战略性新兴产业的集人才培养、科学研究、技术创新、企业服务、学生创业等功能于一体的示范性现代产业学院。截至 2023 年 3 月，广西已有 29 所高职院校开设了 136 个产业学院，并培育了 30 个示范性产业学院，累计合作企业 693 家，共建专业（专业群）321 个，产业学院在籍在校生 13.1 万多人，产业学院中的“双师型”教师 2741 人。如截至 2022 年 7 月，柳州市先后组建广西汽车产业职业教育集团等 13 个职教集团，与企业共建 17 个技术应用及推广中心、22 个“大师工作室”。

2. 教育对振兴产业的作用不断增强

广西普通本科高校以全区产业发展急需为牵引，为全区各产业发展提供基本的人才保障。重点产业所有细分行业在各高校均有对应学科设置。

除传统产业中的有色金属等个别行业外，硕士、博士层次教育也实现所有细分行业全覆盖。

3. 工科专业布点和经济社会发展需求的契合度进一步增强

截至 2023 年 5 月，广西高校累计拥有国家级和教育部主管或批准建设的科研平台 36 个，其中国家重点实验室 4 个、国家地方联合工程研究中心 1 个、省部共建协同创新中心 5 个、自治区重点实验室 93 个，初步构建了一个国家级、自治区级、厅级等层次比较完备、类型较为多样的科创平台体系。广西高校主导建设的现有科研平台与全区重点产业深度关联且高度契合，占比超过 50%，精准覆盖了传统主导产业、战略性新兴产业和未来产业等关键领域。

4.1.4　特色新型智库建设与产教发展的融合实现新提升

1. 支撑教育产业发展的特色新型智库体系初步建成

2016 年，广西前瞻性谋划并正式出台《关于加强广西特色新型智库建设的实施意见》这一纲领性文件，明确提出构建“1+1+6+4”的广西特色新型智库体系。2017 年 3 月 13 日，广西特色新型智库联盟成立，确定 115 家单位为广西特色新型智库联盟成员，其中 22 家为广西特色新型智库联盟重点智库。截至 2022 年 11 月，该联盟成员单位数量已壮大至 299 家，广泛覆盖了产、学、研及政府机构、高等院校、科研院所、企业单位等各方主体，初步形成了多元协同的智力支持网络。

2. 智库主动服务产教发展的渠道进一步畅通

智库联盟通过课题引导智库成员单位参与自治区党委、政府决策，通过采用“智库 +”（即“智库 + 智库”“智库 + 决策咨询专家”“智库 + 部门”）的方式，形成向自治区党委、政府报送决策咨询信息的长效机制，发挥智库对全区涵括教育、产业在内的经济社会发展的重要支撑作用。2017 年至今，智库联盟围绕广西经济社会发展的重大战略问题开展了多项重点课题研究，通过《咨询专报》等智库咨政谏政渠道呈报自治区党委、政府，以供决策参考。

4.1.5 与东盟产业教育智库合作迈上新台阶

1. 面向东盟的国际教育交流平台逐步搭建

以开展国际科技与教育交流活动为抓手，积极打造以面向东盟国家为重点的国际教育交流平台。以中国 - 东盟教育开放合作试验区建设这一重要战略机遇为契机，积极鼓励并大力推动开展中外合作办学，在此背景下，2022 年 10 月，广西遴选 40 所区内优质职业院校与来自东盟国家的 50 多所知名院校召开视频交流会，就国际课程合作、科研合作、教师互访、学生项目等领域进行交流，探讨合作机会；截至 2024 年 10 月，广西在办中外合作办学机构和项目达 32 个，成为面向东盟国家教育开放合作的一面旗帜。

2. 与东盟国家高校和产业领域的合作不断加强

“十三五”期间，每年来桂留学生均在万人以上。广西联合东盟国家的有关科研机构和企业，共同培育蔬菜、水果等农业新品种，研发大米种植与加工技术，开发土壤新型肥料，开展药用植物资源普查与保护利用研究，开展动物疫病传播防控技术研究，研究与推广深海养殖技术，推动北斗卫星导航系统在东盟国家位置导航、地质灾害预防领域的高精度服务和应用等，攻克了一大批中国与东盟国家共同关注的共性技术难题。

3. 搭建起面向东盟的智库交流平台

以举办中国 - 东盟智库战略对话论坛等为抓手，聚集新加坡、泰国、缅甸、柬埔寨、老挝、越南、菲律宾等东盟各国智库，以及中国多家智库、高校、科研机构共同打造面向东盟的智库交流平台，促进中国 - 东盟智库间的常态化战略合作，打造中国 - 东盟各国智库定期交流的具有广泛影响力的品牌盛会与高端平台。稳步推进来华留学教育，组织高校开展并完成年度广西政府东盟国家留学生奖学金项目的新生招录工作，持续打造“留学广西”品牌。

4.2　主要问题

从纵向来看，广西在产业、教育、智库融合发展上开展积极探索，取得了较好成效；但从横向来看，与东部先进省份和中西部其他省份相比，广西在推进产业、教育、智库“三位一体”融合发展上尚处于起步摸索阶段，仍然存在产业、教育、智库融合发展的深度不够、基础较弱和后劲不足等突出问题。

4.2.1　深度不够：合力不足、渠道不通、层次不高

1. 主管部门工作合力不足

产业、教育、智库“三位一体”融合发展是一个全新的课题，不仅学术界缺乏对其全局性和针对性的研究，政策层面也尚未明晰顶层设计和纲领指导，工作层面更缺乏统一的发展规划和政策举措。广西现行的相关政策措施多局限于产教融合，产业、教育、智库“三位一体”融合的政策措施仍处于相对空白状态，导致产业、教育、智库的主管部门存在业务沟通联系不够密切，协同意识不强，信息、数据共享机制不完善，业务融合不足等问题，工作合力亟待加强。

2. 融合渠道不贯通

产教融合方面，教育与产业存在各自为政的“两张皮”现象，通常双方的合作仅依赖于合作项目的支撑，一旦项目结束，双方合作随即终止，加之高等院校和企业管理体制、运行机制上存在差异，又分属不同的行政部门管理，各自在封闭的系统内活动，工作不衔接，“抢”项目和“抢”人才的现象时有发生。同时，教育学科专业设置与重点产业链对接不紧密。北钦防临港工业集聚区、桂东南工业东融先导区、西江沿线产业带的学科专业布局明显存在不匹配问题，电子信息类专业开设较多，绿色化工、高端金属新材料、纺织服装、节能环保等产业相关学科专业较少。智库建设

方面，广西特色新型智库联盟成员单位基本上按照建设主体分成了六类智库，但未按智库服务的领域进行细分，导致智库间存在同质竞争、智库服务产业作用发挥不足和智库影响力有待提升等诸多问题。

3. 合作层次不高

目前广西的产业、教育和智库虽然在形式和内容上有了很多合作，但在专业链、人才链、产业链上融合度不高，局限在共建产业学院、构建实习基地和单个项目等偏低层次的合作，在合作研发、协同育人等方面的合作较少，总体上合作水平和合作层次均不高，合作深度和广度也有待加强。广西高校面向全区重大战略和产业发展需求的高质量成果不多，有效转化的更少。

4.2.2 基础较弱：产业不兴、教育不旺、智库不强

1. 产业不兴

广西产业发展总体上基础弱、链条短，在产业规划上未能有效结合全区优势产业及未来产业进行布局，存在产业规划不清晰、不准确、变化快、关联度低，有时存在片面追求高技术、高附加值产业的问题，产业发展不具有可持续性和竞争力，以至于对人才的吸附能力不强，企业开展科研的积极性不高，教育对产业人才培养的精准度不足。广西国家级重大产业项目、高水平大学和科研机构较少，也缺乏高端、专业，能够让高层次人才开阔视野、获得最新科技资讯的科研交流平台。此外，广西高校新工科学科专业建设起步不久，创新不足、力度不够、成效不显。

2. 教育不旺

广西高等教育一直存在“有山无峰”“山多峰少”的局面，全区仅广西大学入选为世界一流学科建设高校，高水平大学和标志性学科数量少，且科研成果难转化，技术供给难以匹配产业需求。2020 年，财经商贸、教育与体育、土木建筑、电子信息和装备制造五大类分别为广西高等职业教育在校生人数排名前五的学科；工学、管理学、艺术学、文学和医学分别为本科在校生人数排名前五的学科。相比之下，轻工纺织、生物医药、

交通运输、农、林、石油化工、能源动力与材料等与广西实施的千亿元产业集群及北部湾经济区开发等重大发展战略相契合的学科专业布局不够充足，学科专业结构与经济社会发展契合度不高。大部分高校仍沿用传统模式进行学科专业建设，新型学科专业不强、新生学科专业不协、新兴学科专业不多，工学专业和人工智能、大数据等战略性新兴产业专业人才培养不足。广西纳入世界一流学科建设的学科只有 1 个，参评全国第四轮学科评估的 158 个学科没有一个为 A 类学科，多个产业急需的学科没有博士学位授权；唯一一个纳入世界一流学科建设的广西大学土木工程学科在全国第五轮学科评估中被评为 B–。

3. 智库不强

尽管广西是全国较早系统推进智库建设的省份，截至 2022 年 11 月，广西特色新型智库联盟成员单位已达 299 家，但总体上广西的智库实力不强、良莠不齐。不管是全球综合类智库、经济领域智库、国际事务领域智库排名，还是中国智库综合影响力排名中均未出现广西智库的身影，说明广西智库离高水平智库仍有较大差距，应聚焦智库决策影响力、社会影响力、学术影响力、对外影响力和智库建设能力五个方面，加强对智库的考核和评价，争取打造一批在全国具有较大影响力的高水平智库。

4.2.3　后劲不足：投入有限、人才匮乏

1. 研发投入不足

2022 年广西 R&D 经费投入强度（R&D 经费与全区生产总值之比）为 0.83%，不足全国平均水平的 1/3；R&D 经费投入强度增长速度也低于全国平均水平，2016 ～ 2021 年全国 R&D 经费投入强度增长了 0.32%[①]，而广西同时期 R&D 经费投入强度只增长了 0.16%。

2. 教育投入不够

2021 年，广西普通高等学校的生均一般公共预算教育经费为 14361.45

① 数据修订截至 2023 年。

元，普通高等学校的生均一般公共预算教育经费同口径增长率为 6.73%（表 4-2）。此外，设区市政府普遍对高等教育的支持力度不够。由于设区市教育主管部门没有普通高等教育的相关职能，高校与所在设区市政府也没有隶属关系，且双方领导层级相当，造成高校与所在设区市政府之间的沟通、协调、合作都存在不少障碍，严重影响了设区市政府扶持高校、高校服务所在设区市经济社会发展的良性互动关系。

表 4-2　2021 年部分省份一般公共预算教育经费统计表

省份	一般公共预算教育经费 / 亿元	一般公共预算教育经费占一般公共预算支出比例 /%	普通高等学校生均一般公共预算教育经费 / 元	普通高等学校生均一般公共预算教育经费同口径增长率 /%
北京	1135.16	15.75	65385.05	0.02
上海	1013.35	12.02	41423.87	4.30
广东	3793.37	20.79	35661.44	–3.22
浙江	2029.90	18.43	25609.57	3.45
天津	472.98	15.00	17761.30	–12.38
贵州	1125.68	20.14	22598.29	15.52
海南	302.69	15.35	32200.85	–1.96
甘肃	661.92	16.41	17255.32	0.03
陕西	1033.68	17.03	16579.02	–4.87
重庆	805.02	16.65	16511.92	5.58
云南	1147.01	17.29	16277.14	–1.33
湖南	1424.78	17.11	14859.07	–6.06
广西	1105.04	19.03	14361.45	6.73

数据来源：教育部、国家统计局、财政部联合公布的《2021 年全国教育经费执行情况统计表》。

3. 专业人才匮乏

广西财政收入总量小、增速不快，多年来对人才工作投入少，一直未设立人才专项资金，直到 2023 年才首次设立规模约 6.5 亿元的自治区人才发展专项资金，用于开展人才引育工作，但相比云南省自 2019 年开始每年投入 40 亿元开展人才引育工作，广西的投入规模差距显著。与国内先进省（区、市）相比，广西在薪酬、安家政策、硬件条件上不具优势，导致人才流失到广西区外的比例相当大。在推进产业、教育、智库“三位一体”融合发展上，广西除了面临基础弱、资金匮乏等问题外，人才匮乏也是制约三者融合发展的瓶颈。当前，广西不仅缺乏产业、教育、智库三个方面的人才，更缺乏三者融合发展的领导型、骨干型和后备人才。因此如何留住人才、引导人才回流，成为广西推进产业、教育、智库“三位一体”融合发展面临的一项紧迫性和长期性难题。

第 5 章

外省产业、教育、智库融合的探索与实践

山东、江苏、四川、广东、浙江等地在推进产业、教育、智库融合发展方面先行先试，在产教融合、科教融汇、智库建设等方面取得了积极成效，为广西推进产业、教育、智库“三位一体”融合发展提供了可供借鉴的经验。

5.1 山东省：重点探索职普融通、产教融合、科教融汇的落地路径

山东省作为首批全国省域现代职业教育体系新模式试点省份，在深化现代职业教育体系建设改革中，重点探索职普融通、产教融合、科教融汇的落地路径，推动形成职业教育发展新生态，为推进教育、科技、人才融合发展提供了实践经验。

5.1.1 构建全方位支撑和保障产教融合和科教融汇的政策体系

2018 年以来，山东省先后出台了《山东省职业学校校企合作促进办法》《关于深化产教融合推动新旧动能转换的实施意见》《山东省百校教研产“三个一”融合工程实施方案》《山东省科教融合协同育人联合体建设实施方案》等文件，同步制定 60 多项配套政策、建立 30 多项制度，在全国率

先以省为单位形成全方位支撑和保障职业教育的政策体系，诸多探索被吸纳进国家的政策文件中，教师自主招聘和绩效工资制度改革、混合所有制办学、扩大学校办学自主权、技能大赛新赛制改革等做法在全国推广，两次入选国务院表扬激励的全国职业教育改革成效明显省份。

5.1.2　推进校所合署改革，实现教育和科技双轮驱动

近年来，山东省大力推动科教融合改革，将山东省内燃机研究所整建制并入山东交通学院，山东省化工研究院整建制并入青岛科技大学，整合原齐鲁工业大学与山东省科学院组建新齐鲁工业大学（山东省科学院），整合原泰山医学院、山东省千佛山医院、山东省医学科学院和山东省立医院等资源组建山东第一医科大学（山东省医学科学院），形成了科教相互支撑的一体化发展新模式，取得了明显成效。如原齐鲁工业大学、山东省科学院合并组建为新齐鲁工业大学（山东省科学院）后，实力大增，名气大涨，学校排名快速提升，入选山东省高水平大学“冲一流”建设高校。又如，山东第一医科大学（山东省医学科学院）成立运行的第一年，学校学科实力就大幅提升，ESI 综合实力进入全国高校百强，位列全国独立设置的医学院校第 13 位、山东省属高校第 2 位，实现了教育与科技双轮驱动。

5.1.3　探索“职普融通 + 贯通培养”的现代职教新模式

山东把产业升级对高层次技术技能人才的客观需求，与社会对畅通职校学生成长发展渠道的迫切诉求有机结合，在全国率先建立“文化素质 + 职业技能”职教高考制度，职业技能考试采取实际操作形式，对技能大赛优秀选手免试专业知识和技能，开展中职与本科“3+4”、高职与本科“3+2”新型贯通培养试点，推进中职学校与普通高中学分互认、学籍互转，形成在国内可复制、可推广的职普融通新经验和新范式。

5.1.4　打造产教融合共同体

山东大力推进教育资源与重大产业布局战略匹配，集聚职业院校、本

科高校、重点企业、科研机构等资源，实现产教信息互通、资源共享、供需匹配，打造支撑行业高质量发展的新引擎。围绕山东省“十强”产业，组建了一批产教融合共同体。

5.2 江苏省：推动高校、智库发展与产业建设“同频共振”

近年来，江苏在统筹推进产业、教育、智库“三位一体”方面积极探索，将“校企同频共振、推动产教深度融合”列为重点工作之一，为全面提高人才自主培养质量、促进经济社会高质量发展提供了有力支撑。

5.2.1 全面实施江苏高校协同创新计划

江苏省聚焦产业前瞻与共性关键技术开发创新，组织高校与各类创新主体和创新力量对接产业发展需求，全面实施江苏高校协同创新计划。截至 2021 年 4 月，累计投入 30.9 亿元，根据协同创新中心不同类型、目标任务和建设绩效等给予分类动态支持，各大协同创新中心加快融入区域发展格局，推动了传统产业的改造升级和战略性新兴产业的发展；全省高校直接服务制造业发展的协同创新中心有 45 个，直接服务战略性新兴产业发展的有 71 个，覆盖 90% 的战略性新兴产业领域。

5.2.2 建立校企合作协同育人机制

①在全省范围全力推进产业学院建设，高标准遴选建设 50 个省级重点产业学院，建设一批产教融合型品牌专业和产教融合型一流课程，打出一套一流应用型本科建设的“组合拳”。②建立产业教授选聘制度，每年选聘科技企业家到高校任职，截至 2024 年 3 月，累计选聘 4000 余人次产业教授到高校任职，覆盖智能制造、集成电路等 30 余个国家及地方重点发展的产业领域。

5.2.3　大力加强高校智库建设

近年来，江苏省着力推动高校智库完善发展。截至 2020 年 9 月，全省 10 家重点高端智库、16 家重点培育智库分别有 8 家和 13 家为高校智库，凸显高校在智库建设中的主力军地位；省教育厅于 2017 年批准立项建设的 20 个江苏高校人文社会科学校外研究基地和 15 个研究基地培育点成为重要的智库后备力量。此外，鼓励各智库自主探索、积极创新，完善人才队伍建设，如南京大学推出“智库研究员”职称系列，有效打通智库人才职业发展通道。

5.2.4　积极搭建产教融合平台

江苏省将职业院校与产业园区同步规划、同步建设、同步发展，形成良性互动。截至 2022 年 9 月，已高标准建成 36 个产教融合集成平台、100 个省高职产教深度融合实训平台，平台涉及 20 多个具有发展潜力的产业领域，产业覆盖 13 个专业大类，联结起了全省 400 多所职业院校、1000 多家行业企业。

5.3　四川省：探索产教融合发展新模式推动职业教育高质量发展

近年来，四川省构建起“专业 + 产业”“教学 + 研发”“培养 + 就业”“园区 + 联盟”的融合发展模式，有力推动教育链、人才链与产业链、创新链全方位深度融合，凭借这一显著成效，2021 年被国务院评为校企合作推进力度大、职业教育发展环境好、推进职业教育改革成效明显的 5 个省份之一，“探索产教融合发展新模式推动职业教育高质量发展”入选“中国改革 2022 年度地方全面深化改革典型案例”，为教育领域省级层面唯一案例。

5.3.1 坚持“专业 + 产业”路径，合理调整专业布局与设置

四川省建立专业设置宏观调控和动态调整机制，按照“专业围绕产业办，学校服务地方建”的思路，着力培育和强化专业特色，培养技术技能人才，通过专业设置对接产业需求、课程内容对接职业标准、教学过程对接工作过程，优化全省专业布局，增强专业设置与产业发展的匹配度和吻合度，形成“专业人才 - 产业工人”的培养效应。2022 年，新增专业点 508 个，淘汰、撤销 296 个。截至 2022 年 11 月，全省共开设 19 个大类共 88 个专业类、760 个专业，专业布点 6856 个，专业与产业发展的匹配度、契合度不断提高。

5.3.2 以产教融合示范项目为抓手，强化校企“双主体”地位

从 2020 年起，四川多部门联合启动省级产教融合示范项目建设，聚焦技术技能人才培养、教学实践创新平台建设、技术协同攻关及成果转化应用，构建产教对话制度、校企“双激励”机制，以“校中厂、厂中校”方式建设校内生产性实训基地，并投入省级资金 20 亿元以上，分批打造 50 个产教融合示范项目，截至 2022 年 11 月，已两批立项 35 个，首批 15 个示范项目建设成效显著，建成省级教师教学创新团队、省级技能大师工作室 20 个，校企合作开展技术攻关、合作研发、技术服务项目 457 项、成果转化 90 项。

5.3.3 建立“培养 + 就业”的校企联合培养、双元育人长效机制

四川省积极推进现代学徒制试点，推动校企合作共建专业、共同开发课程，制定岗位规范和行业标准，建立校企双元育人的长效机制，强化精准对接企业需求的“订单式”培养，开通学生就业“直通车”。截至 2022 年 11 月，全省 159 家单位立项省级现代学徒制试点、共计 23 家单位获批国家级现代学徒制试点，覆盖学生超过 10 万人，毕业生就业率达到 95% 以上。

5.3.4　探索建立“学教研产城”融合发展新模式

按照“城市围绕大学建、产业依托教育兴”的“学教研产城”融合发展思路，探索“学教研产城”融合发展新模式，支持来宜宾的高校和科研机构紧密围绕全省“5+1”、宜宾“8+2”产业体系需求，建立了 45 个科技创新融合发展平台；在宜宾的院校、科研机构、企业与省内外企业、院校签订了人才培养、技术咨询等合作协议 265 个，开展联合科研攻关项目 200 余项，培育“产教融合战略基地”近 20 个、产教融合型企业 40 余家（数据截至 2020 年 9 月）。

5.4　广东省：推动粤港澳大湾区产教融合发展

5.4.1　推动粤港澳三方学分互认、学位互授和设施共享

广东省支持经核准的港澳高校在省内开展独立办学试点，支持港澳高校与珠三角地区高校深化科研教育合作，推动人员互访、学分互认、学位互授和设施共享，共建优势学科、实验室和研究机构，共同研制既符合国际行业标准又适应区域发展的教育框架、教学标准及教材体系。以广东省率先承认港澳职业资格为先导，推进职业资格粤港澳三方互评互认，允许港澳地区取得职业资格的专业技术和服务人员在广东提供专业服务。

5.4.2　共建特色高职教育园区，创新内地与港澳合作办学新路径

创新内地与港澳合作办学方式，支持各类职业教育实训基地交流合作，共建一批特色职业教育园区，在珠三角一流高职院校选择部分专业开展与港澳高职院校的学历、学分和资格互认试点，之后再逐步推广到其他院校和专业，促进共建特色高职教育园区目标的实现，打造粤港澳大湾区技术技能人才培养高地。

5.5　浙江省：推动人才供给侧和产业需求侧结构要素全方位融合

近年来，浙江省深化体制机制改革，通过建立产教融合联盟、专业动态调整机制等举措推动产教深度融合、精准对接、动态匹配，促进教育链、人才链与产业链、创新链衔接，为产业、教育、智库“三位一体”融合发展提供了实践经验。

5.5.1　实施职业院校新型专业建设工程，精准匹配产业需求

出台《浙江省人民政府办公厅关于深化产教融合的实施意见》《杭州市深化职业教育改革实施方案》，实施职业院校新型专业建设工程，精准匹配杭州五大都市支柱产业和三大数字先导产业，截至 2023 年 11 月，杭州已建成 100 家市级校外实习基地，23 个行业性职业教育集团，55 个先进制造业和现代服务业实训基地；依托国家级经济技术开发区、国家级高新技术园区，以及政府、学校、企业共建特色小镇，汇聚核心科研单位、制造业创新中心、工程技术研发中心等资源，助力打造“315”科技创新体系。

5.5.2　实施“引企入校”改革，推进产教融合

全面深入实施“引企入校”改革，企业通过推行“现代学徒制”“订单培养”等方式，在人才培养、专业建设、课程建设、职业培训、就业创业、科技开发等方面进行全方位、深层次融合。同时，由企业牵头，联合本科院校、职业院校组建不同产业领域的实体化、市场化运作产教融合联盟，有效带动中小企业参与，推进实体化运作，组建了“网络空间安全”“集成电路”“汽车制造”等一批产教融合联盟，基本覆盖全省主要支柱产业。

5.5.3　全力推进新型智库建设，助力产业发展

出台《浙江省新型智库建设管理办法（修订）》，着力发挥智库在支撑决策和推进产业发展中的重要作用。如支持浙江省科技信息研究院建立竞争情报研究与服务体系，绘制全省高新技术产业创新地图，建设产业竞争情报分析与应用研究实验室，开展产业地图与技术预见研究，制定《产业地图工作手册》，上线运行机器人等产业创新地图，助力企业创新和产业发展。

5.6　产业、教育、智库融合的经验凝练

5.6.1　一体化推进产业、教育、智库融合发展是典型的“一把手工程”

一体化推进产业、教育、智库融合发展是一项系统工程，需协调方方面面的关系，是典型的“一把手工程”。在深入实施科教改革攻坚行动方面，山东省委、省政府领导亲自挂帅，协调推进重大改革事项，原齐鲁工业大学与山东省科学院合并项目、组建山东第一医科大学（山东省医学科学院）项目、建设山东高等技术研究院项目及成立山东人才发展集团有限公司等多项工程被列为“一把手工程”高位推动。山东经验表明，在一体化推进产业、教育、智库融合发展上，要建立完善“一把手”工作责任制，构建起地方党政“一把手”亲自抓、专门机构和专职人员具体抓的上下贯通、层层负责的组织体系。

5.6.2　试点推进“高校 + 科研院所”合署改革

近年来，山东省勇于突破体制机制壁垒，深入实施科教融合战略，大力推动科教融合改革。实践表明，经资源重组和互补先后组建新的大学，实现了“1+1>2”的改革倍增效应，开创了科教融合、产教融汇的新局面，

对于推进广西产业、教育、智库“三位一体”融合发展有很强的借鉴意义。

5.6.3 注重建设科教融合协同育人联合体

2022年，山东省出台《山东省科教融合协同育人联合体建设实施方案》，开展育人模式探索，由山东大学、中国海洋大学、中国石油大学（华东）和山东农业大学4所高校牵头，联合高水平科研院所、新型研发机构和实验室，建设科教融合协同育人联合体，坚持“共建、共享、共育”原则，共同搭建一批高规格科研育人平台、共同建设一支高水平导师队伍、共同打造一批高质量科研教学资源、共同构建一套高效协同育人机制、共同培育一批高层次创新型人才。2022年，云南省面向省内外高校（含高职院校）、科研院所聘请一批科研人员兼任企业科技副总，聘请一批省内企业高管、技术专家兼任高校产业导师，重点支持产业发展需要。云南省农业科学院和云南农业大学通过共建“现代农业创新研究院”和“云南农业联合研究生院”，以及互聘学科骨干、遴选博士（或硕士）生导师、联合指导博士研究生和硕士研究生等形式，共建博士、硕士学位授权点，共同推进一流学科、特色新兴学科建设。因此，科教融合协同育人联合体建设是推进产业、教育、智库“三位一体”发展的重要抓手，值得广西借鉴学习。

5.6.4 夯实产业、教育、智库“三位一体”融合发展的根基

山东以重大应用需求为牵引，加速布局产业创新平台和基础创新平台，推动重点领域项目、基地、人才、资金一体化配置，不断强化教育、科技、人才的战略支撑及协同发展。截至2021年1月，山东建设国家农业科技园区21个，居全国第一位；2021年12月，依托高校布局建设10个省级基础科学研究中心、10个省级基础研究中心培育基地；截至2022年4月，共建设省级创新创业共同体31家，并带动市级公共体112家；截至2023年2月，获批建设3个领域类国家技术创新中心，总量居全国第二位；截至2023年12月，共布局建设136个省技术创新中心。这些平台和基地不仅为产业创新提供了强有力支撑，而且夯实了推进产业、教育、智库“三位一体”融合发展的根基。

5.6.5　加强产业、教育、智库融合专业人才队伍建设

建立教育与产业协同机制，发挥智库等各方资源共同培养产业发展需要的专业人才，是推进产业、教育、智库融合发展的必由之路。例如，南方科技大学学科专业设置紧跟学科发展前沿，面向国家战略性新兴产业，重点发展与新能源、新材料、新一代信息技术、节能环保、生物技术与生物医药等相关的新兴学科专业和交叉学科，成为国家“双一流”建设高校、国家高等教育综合改革试验校。又如，中山大学珠海校区从 2015 年开始重点发展“海洋学科群”，建造了我国最大海洋综合科考实习船“中山大学”号，拥有“天河二号”超级计算机及国内首艘智能型无人系统科考母船，快速成长为我国海洋科学研究的第一梯队。

5.6.6　强化企业在产业、教育、智库融合发展中的主体作用

为充分发挥企业重要办学主体作用，山东省、云南省加大政府支持引导，对纳入产教融合型企业建设培育范围的试点企业，给予“金融 + 财政 + 土地 + 信用”的组合式激励，强化金融扶持，落实财政税收优惠、土地保障政策，健全信用激励和考核评价机制；兴办职业教育的投资符合规定的，可按投资额的 30% 比例，抵免该企业当年应缴教育费附加和地方教育附加。山东针对校企合作专业的特点，采用“3+1”模式进行本科人才培养，即前三年学生的培养由学校专业教师主导，企业按人才培养需求选派核心技术人员，协助完成专业核心课程和实训课程；最后一年学生在企业实习，由企业工程师主导，学校选派专业教师协助完成专业实习和毕业设计指导，以此培养大批适应产业需要的高素质应用型人才。

案例与经验启示篇

| 教育·科技·人才三位一体融合发展研究与探索 |

第 6 章

部分省份推进教育、科技、人才融合发展的政策措施及借鉴启示

6.1　部分省份推进教育、科技、人才融合发展的政策措施

党的二十大报告首次对教育、科技、人才进行“三位一体”统筹安排、一体化部署，并将教育、科技、人才整合到一起进行系统谋划，共同服务于创新型国家建设，为新时代一体推进教育、科技、人才工作提供了根本遵循和行动指南。近年来，山东、江苏、浙江、四川、福建、云南等地在教育、科技、人才综合改革方面先试先行，以深化产教融合、科教融汇、职普融通为重点，开启了教育科技人才“三位一体”融合发展的新局面。先进省份在教育、科技、人才领域勇于开拓、大胆创新的成功实践给广西推进教育、科技、人才融合发展提供了诸多启示和有益借鉴。

6.1.1　山东省

1.“顶层设计＋接力布局”政策体系

（1）推进政策集成创新。近年来，山东省陆续出台了《关于深化产教融合推动新旧动能转换的实施意见》等多项配套政策，在全国率先以省为单位形成全方位支撑和保障职业教育的政策体系，诸多探索被吸纳进国家的政策文件中，一些改革创新做法在全国推广，2022 年修订的《中华人

民共和国职业教育法》参考吸纳了山东的首创做法。山东两次入选国务院表扬激励的全国职业教育改革成效明显省份。

（2）强化人才政策的系统谋划。对分散在各个部门、多个文件中的人才政策进行系统性归集，梳理建立全省重点人才政策清单，打造涵盖人才支持、人才引进、人才服务、人才表彰奖励等各方面的"人才政策池"，整合各方面政策资源，形成系统集成的联动效应。建立人才政策定期更新发布机制，打造"齐鲁人才政策字典"，推动人才政策按需精准推介到每位人才，实现"应知尽知""应享尽享"。特别是围绕优势特色领域、人才关注领域、急需紧缺领域保持比较优势，建立人才政策"最优加一点"机制，加强人才政策对标比较，各级各部门优化提升人才政策，有效提升人才政策的竞争力。例如，主动适应全省高质量发展需求，打造覆盖人才成长发展全链条的泰山人才工程支持体系。再如，省市两级连续多年联动举办高层次人才创新创业大赛，对海外人才实行"即引、即认、即支持"机制。

2."高校＋科研院所"合署改革

山东是我国的教育大省，为了帮助省属高校跻身"双一流"，2016 年山东率先在国内开创"高校＋科研院所"合并模式。① 2016 年，山东省内燃机研究所整建制并入山东交通学院，64 名在职人员纳入山东交通学院人员控制总量进行管理，将研究所的技术研发平台、国家级检验检测平台和行业服务平台融入专业教学中，强化实践环节的教学。合并之后，于 2017 年获批硕士学位授予立项建设单位（A 类）。② 2017 年，山东省化工研究院以整建制接管模式正式并入青岛科技大学，青岛科技大学济南校区设在山东省化工研究院所在地，山东省化工研究院作为青岛科技大学的科研机构，从而形成青岛、高密、济南"三地五校区"的办学格局。③ 2017 年，撤销原齐鲁工业大学和山东省科学院的建制，其编制、人员、资产债权债务整体划入新的齐鲁工业大学（山东省科学院）。齐鲁工业大学（山东省科学院）为省属公益二类事业单位。原山东省科学院建有的国家超级计算济南中心等国家级创新平台和省级研发平台极大地补强了学校的科研实力，使得齐鲁工业大学（山东科学院）成功入选山东省"冲一流"建设高校行列并成为博士学位授予单位。④ 2019 年，整合原泰山医学院、山东省立医院、山东省医学科学院、山东省千佛山医院等资源组建山东第一医科大学（山东省医学科学院），在济南设立主校区，组建仅一年时间，山东第一医科大学（山东省医学科学院）便成为博士学位授予单位，在全国范围内打响了知名度，并一举斩获了 2020 年度国家自然科学奖二等奖。2016 ～ 2020 年，山东省作为全国推动高校与科研院所合署改革的前沿省份，先后进行 4 次上述“校所合一”改革，为全国高等教育改革、创新人才培养模式、优化科研体制机制提供了示范和标杆。试点成功后，山东省推进高校与科研院所资源整合的信心更加充分，改革力度也更大。

3.“职普融通”联合育人

山东省在全国率先建立“文化素质 + 职业技能”职教高考制度，职业技能考试采取实际操作形式，对技能大赛优秀选手免试专业知识和技能，开展中职与本科“3+4”、高职与本科“3+2”新型贯通培养试点，推进中职学校与普通高中学分互认、学籍互转，形成在国内可复制、可推广的职普融通新经验和新范式。

4.“育人联合体”协同育人

山东省推动人才培养模式变革，坚持“人才、平台、项目”一体化，探索建设一批高校牵头、科研机构和企业参与的产教融合育人共同体，精准培育符合科技创新和产业发展需求的高素质人才。由山东大学、中国海洋大学、中国石油大学（华东）和山东农业大学 4 所高校牵头，联合高水平科研院所、新型研发机构和实验室，建设科教融合协同育人联合体，重点围绕支撑海洋、先进制造、现代农业等重点领域产业发展的数学、物理学、化学、生物学、计算机科学与技术、海洋科学、基础医学、药学、经济学、农学 10 个学科门类或一级学科人才培养，坚持“共建、共享、共育”原则，共同搭建一批高规格科研育人平台、共同建设一支高水平导师队伍、共同打造一批高质量科研教学资源、共同构建一套高效协同育人机制、共同培育一批高层次创新型人才。例如，在农业人才培养方面，由山东农业大学牵头，联合中国农业大学、中国农业科学院、山东种业集团等，依托小麦育种全国重点实验室等高能级平台，建设作物智能育种、农业碳中和等一批新兴交叉学科，加快推动农业领域人才自主培养能力提升，为保障国家粮食安全与农业绿色转型提供强有力支撑。

5.“书记选题、领衔攻坚”抓落实

为推动各级各单位“一把手”抓“第一资源”有效落地，从2020年起，山东省每年面向各地级市、县（市、区）、开发区及重点用人单位组织实施党委书记人才工作项目，通过建立“书记选题、领衔攻坚”机制，推动党委（党组）书记带头下沉一线了解情况，亲自研究谋划解决重大问题，集中资源力量推动人才引育创新。截至2023年10月，已连续实施4批共1359个项目，形成了一批人才工作创新成果和可复制可推广的经验做法，有力强化了党管人才工作格局。

6.“党管人才与市场机制”相融合

山东积极探索构建人才工作市场化社会化治理体系，陆续出台人才改革22条、人才支撑新旧动能转换20条、引才用才18条、人才兴鲁32条等一系列人才工作政策文件，颁布《山东省人才发展促进条例》，搭建起人才制度体系的“四梁八柱”。2020年10月，山东省委组织部与山东大学合作共建山东省人才发展战略研究院，先后举办人才发展战略论坛、人力资源与人才创新发展国际研讨会等活动，凝聚省内外一批专家共同开展人才发展战略研究，为省委决策提供科学参考。2021年，挂牌成立山东人才发展集团。集团成立以来，积极发挥居间平台和桥梁纽带作用，围绕海内外高层次人才供给端和全省产业发展需求端精准发力、高效匹配，先后引进高层次人才2000余名。2022年，依托山东省干部学院设立“山东省人才之家”。

6.1.2 江苏省

江苏省是名副其实的科教人才强省、人才资源大省，科教资源、人才储备、办学水平和科研实力均位居全国前列，成为全国改革创新、推动高质量发展的标杆和表率。2023年江苏省政府工作报告将“高质量推进科教人才强省建设”列入十大重点工作之一，这不仅是江苏省统筹推进教育、科技和人才一体化发展的关键举措，还体现了江苏省“为全国发展探路”的担当作为。

1. 深化产教融合育人新模式，校企办学特色鲜明

江苏省13个设区市中有9个建有职教园区。2019年,江苏省颁布《江苏省职业教育校企合作促进条例》，成立首批11个职业教育行业指导委员会,强化行业与职业教育的联结,推动专业与产业吻合对接。"十四五"以来，发布3期《江苏省职业教育专业结构与产业结构吻合度预警报告》，引导职业院校根据产业需求设置或调整专业，建立产业教授选聘制度，每年选聘科技企业家到高校任职，截至2023年3月，已累计选聘研究生导师类、本科类、高职类等产业教授3499名，涉及智能制造、电子信息等30多个领域。成立长三角现代产业学院协同育人联盟，首批加入联盟的长三角区域本科高校达110余所。如"双元制"职业教育改革苏州经验，聚力"一体化"设计,聚集"高精尖"产业,为中国特色现代学徒制探索提供了"苏州样板"。南京工业职业技术大学"坚定一个类型、瞄准两个高端、筑牢三师融合的专家型队伍、强化四项支撑"，为制造强国、制造强省和技能型社会培养众多高层次技术技能人才，毕业生就业率长期居于高位。

2. 打造苏锡常都市圈职业教育样板,省部共建为全国职业教育提供"江苏方案"

苏锡常都市圈是我国现代化程度最高、职业教育优质资源最密集和创新成果最丰硕的地区之一，是全国首个以城市群为单元的职业教育创新发展高地。近年来，教育部和江苏省多次在苏锡常布局试点试验，通过一体化设计苏锡常职业教育的规划目标、建设标准、政策支持、组织推进和管理评价，推动区域产教融合发展，输出城市群职业教育发展"苏南模式"，目前已形成一批标志性、引领性成果。

3. 加快建设人才强省，"2+N"人才集聚形成雁阵格局

近年来,江苏省着力激发人才创新活力,先后出台"科技创新40条""科技改革30条"等一批突破性政策，实施科技创新减负行动，赋予创新主体和科技人员更大的科研自主权。充分授权紫金山实验室、姑苏实验室、太湖实验室"自主引才、自主设岗、自主聘任、自主评价、自主定薪"。研究建立事业编制人才"周转池"，为承载高能级人才载体建设任务、承

担重大科技攻关项目的企事业单位引进急需紧缺高层次人才提供支持。大力推行揭榜挂帅机制，定向“卡脖子”难题项目，直接“发榜”对接供需，实现靶向引才。鼓励面临“卡脖子”技术难题的龙头企业、高校院所建立海外省外研发中心、联合实验室和引才工作站，就地选才、飞地用才。

4. 大力加强高校智库建设

近年来，江苏省着力推动高校智库完善发展。截至 2020 年 9 月，全省 10 家重点高端智库、16 家重点培育智库分别有 8 家和 13 家为高校智库；省教育厅于 2017 年批准立项建设的 20 个江苏高校人文社会科学校外研究基地和 15 个研究基地培育点成为智库后备力量。此外，鼓励各智库自主探索、积极创新，完善人才队伍建设，如南京大学推出“智库研究员”职称系列。

6.1.3 浙江省

浙江省委、省政府提出，要强力推进创新深化，以超常力度一体建设教育科技人才强省。浙江推进教育、科技、人才一体化工作的特色与优势主要体现在“两个走在前列，一个先行探索”。

1. 总体战略部署上走在前列

早在 1992 年，浙江省就提出科教兴省战略。2023 年，出台《浙江省支持新型高校建设实施细则》，以项目形式支持新型高校建设，建立财政投入与绩效挂钩动态机制。相比传统综合类院校，浙江省的新型大学主要走“小而精”路线。从省级层面统筹谋划、协同推进科创走廊建设，出台《浙江省科创走廊建设工作指引（试行）》，打造科创走廊体系。坚持一廊引领、区域联动，支持杭州创建综合性国家科学中心。

2. 体制机制创新走在前列

浙江省主要从补齐科教资源短板、加速科技成果转化、推行科技特派员制度、营造良好的创新生态等方面进行机制探索与创新。首批浙江省级创新深化试点包括浙江省绍兴市建设教育科技人才“三位一体”高质量发展试验区、浙江省教育厅推进职业教育差异化生均拨款制度改革、杭州市萧山区深化科教融合人才培养模式等 20 项。例如，绍兴市上虞区围绕主导产业开展“三个三”先行探索，即依托地方研究院、国有企业、省属特色高校“三大主体”，推动教育科技人才“三位一体”，全力破解传统工业大县（市、区）面临的科教资源不足、中试环节缺失、人才易引难留等制约产业发展的“三大难题”。上虞区的主要做法包括：①引入天津大学化工学科资源，共建地方研究院赋能主导产业发展；②引入中国科学院工程化优势力量，打造全国首家绿色化工新材料产业市场化中试基地；③联合省属特色高校和头部企业，产教融合培育本地创新人才。通过上述举措，为区域经济转型升级和新质生产力培育提供了坚实支撑。

3. 重大平台载体建设先行探索

浙江省建设了科研教育紧密结合的西湖大学、依托大科学装置打通创新链和产业链的杭州极弱磁场国家重大科技基础设施研究院等一批高能级载体。对标高水平应用型医科大学建设目标，2019 年，原杭州医学院与浙江省医学科学院合并组建新的杭州医学院，新的杭州医学院组建后，按高等学校建制，原管理体制不变，原杭州医学院和浙江省医学科学院的人员、财产、债权债务等整体纳入新的杭州医学院，在筑牢“医学高峰”建设的新支撑上迈出大步，实现了从学士学位授予单位到硕士学位授予单位的跨越发展。与“十三五”时期相比生源质量得到根本改观，年终就业率均在 98% 以上。学科实力取得明显突破，临床医学、基础医学、药学、公共卫生与预防医学 4 个省一流学科（B）建设成效显著并通过验收，基础医学、公共卫生与预防医学、药学 3 个一级学科硕士学位授予点建设全面加强，新增公共卫生、药学、生物与医药 3 个专业学位硕士点。杭州医学院附属人民医院临床医学学科进入全球 ESI 排名前 1%。专业建设成效明显，新增本科专业 13 个，其中医学检验技术和药学专业被确定为国家一流专业建设点，临床医学专业、护理学专业、医学影像技术专业被确定为省一流专业建设点，现有省级重点实验室 7 个。《浙江省教育事业发展“十四五”规划》明确提出，推进资源整合和合作帮扶，促进高校和科研院所资源整合，加快高水平大学建设进程。

6.1.4 四川省

1.“专业＋产业”，专业设置紧贴产业需求

四川省建立专业设置宏观调控和动态调整机制，2022 年，新增专业点 508 个，淘汰、撤销 296 个。截至 2022 年 11 月，全省共开设 19 个大类共 88 个专业类、760 个专业，专业布点 6856 个，专业与产业发展的匹配度、契合度不断提高，形成“专业人才 - 产业工人”的培养效应。

2.“教学＋研发”，协同推进省级重大项目

从 2020 年起，四川启动省级产教融合示范项目建设，聚焦技术技能人才培养、教学实践创新平台建设、技术协同攻关及成果转化应用，构建校企“双激励”机制，投入省级资金 20 亿元以上，分批打造 50 个产教融合示范项目。截至 2022 年 11 月，已两批立项 35 个，首批 15 个建设成效显著，建成省级教师教学创新团队、省级技能大师工作室 20 个，校企合作开展技术攻关、合作研发、技术服务项目 457 项，成果转化 90 项。新增国家级产教融合平台 1 个、国家科学技术进步奖二等奖 1 项。

3.“培养＋就业”，深化校企双元育人

四川省积极推进现代学徒制试点，推动校企合作共建专业、共同开发课程，制定岗位规范和行业标准，建立校企双元育人的长效机制。截至 2022 年 11 月，全省 159 家单位立项省级现代学徒制试点、23 家单位获批国家级现代学徒制试点，覆盖学生超过 10 万人，毕业生就业率达到 95% 以上。积极推进 1+*X* 证书制度试点，全省 257 所学校开展试点工作，规模全国第二。

4.“联盟＋园区”，打造区域职教高原高峰

四川省把职业教育纳入区域经济社会和产业发展规划，对接全省五大经济区、重点产业园区，聚集区域优质职教资源服务地方经济社会发展，组建多主体、跨区域的职业教育集团（联盟）95 个，集团内校企联合开展科研项目 4194 个，产生直接经济效益 21 亿元，8 个职业教育集团入选

教育部第二批示范性职业教育集团培育单位，数量居西部第一、全国第五。成立成渝地区双城经济圈职业教育协同发展联盟，部省共建推动成都成为全国五个职教高地试点城市之一，促进职业教育融合创新发展。

5.“科教 + 双城”，建设宜宾大学城和科技创新城

按照“学教研产城”融合发展思路，宜宾市创新办学模式和建设运营模式，城市围绕大学建，产业依托教育兴。截至 2020 年 9 月，在高等教育办学方面，宜宾大学城和科技创新城已累计签约高校达 19 所，在宜办学高校达 11 所；中国人民大学长江经济带研究院等 12 个科研机构和 2 个院士工作站入驻运行；四川新能源汽车创新中心有限公司暨院士工作站正式成立，与清华大学汽车安全与节能国家重点实验室签署合作协议。

6.“探路 + 铺路”，先试先行职务科技成果权属改革

2016 年，四川省率先在全国开展职务科技成果权属改革试点工作，为科技成果转化“铺路”。2018 年，国务院办公厅将四川“以事前产权激励为核心的职务科技成果权属改革”经验在全国 8 个全面创新改革试验区域推广；2019 年，国务院第六次大督查对“四川省探索职务科技成果权属改革打通科技与经济结合通道”典型经验做法激励通报，入选全国科技体制改革典型案例；2020 年，国家相关部委在全国推广复制四川经验，选择在 40 家高等院校和科研机构开展第一批试点。

6.1.5　福建省

近年来，福建省坚持“以产兴教、以教强产、产教融合、赋能发展”的工作思路，深化机制体制改革，推动产教深度融合、精准对接、动态匹配，积极探索职业教育与产业、城市同频共振、融合发展的现代职业教育体系建设新模式，促进教育链、人才链与产业链、创新链衔接，推进职普融通、产教融合、科教融汇。

1. 聚焦内涵特色发展，构建具有闽台特色职业教育体系

2018 年以来，福建省先后出台《关于深化产教融合十五条措施的通知》

《关于深化产教融合推动职业教育高质量发展若干措施的通知》等政策文件，推进地方政府、高校、企业多主体共同建设具有闽台特色的现代化产业学院，鼓励高校在“四大经济”领域探索科教融合、产教融合协同育人新模式。

2. 开展服务“四大经济”高质量发展行动，打造政产学研用金联盟

2022年，福建省发布《福建省教育厅等九部门关于实施高等教育服务“四大经济”高质量发展行动 建设政产学研用金联盟的通知》，在“四大经济”领域分别建设政产学研用金联盟，由厦门大学、福州大学、福建师范大学、福建农林大学分别牵头建设海洋经济、数字经济、文旅经济、绿色经济政产学研用金联盟，并在高校提升办学水平等专项中安排资金对联盟建设予以支持，将高校参与联盟建设情况纳入高校办学绩效考核指标体系。通过实施4个行动方案12项具体行动计划，进一步完善高等教育“四大经济”学科专业体系，提高理工农医类专业占比。

3. 强化产学研协同创新，促进技术转移和成果转化

2021年，福建省出台《关于促进高校和科研机构科技成果转化及产业化的若干措施》，针对高校和科研机构在科技成果转化及产业化体制机制、平台载体、人才队伍、服务体系等方面面临的堵点、痛点和难点问题，提出14条细化措施。启动建设福建省高校科技成果转化对接服务平台，通过“跨校组建、校企联合”方式实现一批高校高水平协同创新成果直接向企业转化。支持高校联合企业、行业组织、科研机构等创新实体共建产学研联合体、新型研发机构、协同创新中心等科研机构，建设产教融合研究生联合培养示范基地，共建产教融合园区。支持高校选聘企业、科研院所数字经济领域科技创新人才、管理人才到高校授课。

6.1.6 云南省

近年来，云南省在建机制、强统筹、促改革、抓落实上狠下功夫，统筹整合教育、科技、人力资源和社会保障资源，强化教育、科技、人才支撑，在一体化推进教育、科技、人才工作中取得新突破。

1. 汇聚科教优势资源，凝聚协同育人合力

聚焦云南省农业“卡脖子”关键技术，云南省农业科学院和云南农业大学共建“现代农业创新研究院”和“云南农业联合研究生院”，通过互聘学科骨干、遴选博士（或硕士）生导师、联合指导博士研究生和硕士研究生等形式，共建博士、硕士学位授权点，共同推进一流学科、特色新兴学科建设。借助云南林草资源优势，云南省林业和草原科学院携手北京林业大学共同推进云南林草科技创新发展，共同培养科研人才，协同打造国际林草科研创新高地。

2. 政行校企联动，完善产教融合育人机制

①建设职教集团。云南省破除产教融合体制障碍、领域界限、政策壁垒，根据产业发展情况，建设一批和产业密切对接的职教集团（联盟），如由昆明工业职业技术学院牵头组建云南钢铁行业产教融合共同体和云南物投智慧物流园区产教融合共同体，由昆明市官渡区职业高级中学牵头成立云南省智慧安防产教融合共同体（职教集团），由云南南方教育投资集团牵头共建云南农林产教融合示范园区，推进“产学研训创”一体化。②产教城一体化发展。针对在昆高职院校现有办学资源严重不足、办学发展空间受限等问题，云南省进一步提高园区、院校、专业与区域重点产业契合度，推进以教促产、以产促城，构建“一园三中心”昆明职业教育大园区格局。③中高职贯通培养。云南省建立“职教高考”制度，采用“文化素质 + 职业技能”（中职）、“文化素质 + 职业综合测试”（普高）等考试招生办法，探索普通高中和中等职业学校学分互认、课程互选，促进不同类型教育横向融通，打通中、高、本职业教育学生上升通道。

3. 设立院士自由探索专项，凝练基础研究科学问题

为充分激发顶尖科学家创新活力，由院士在其研究领域自主选题，自行确定研究内容和预期成果，每年支持每位院士 1 项自由探索项目，每个项目支持 100 万元科技经费，鼓励支持每位在滇院士围绕重点产业培育和优势学科打造等方面开展自由探索研究，发挥支撑引领作用，为云南高质量发展提供了有力支持。

4. 创新引育措施、优化人才生态

云南省在“筑巢、固本、引凤、辐射”协调发力，出台《云南省“兴滇惠才卡”实施细则（试行）》《云南省科技副总及产业导师选聘实施细则（试行）》《云南省领军企业自主认定高层次人才试点工作实施细则》等涵盖人才评价、引进、培育、激励、服务全环节的系列配套政策，对加强和改进云南人才工作进行了全流程整体设计、全链条系统安排，突出向用人主体授权、为人才松绑和服务现代产业发展。全省高层次人才、领军人才加快涌现，截至 2022 年 8 月，连续 3 个增选年份共 7 名高层次人才成功当选“两院”院士，实现历史性突破，在滇“两院”院士达 13 人，居西部省（区、市）第 4 位，形成“近者悦，远者来”引才新生态，人才驱动高质量发展格局加速构建。

6.2 对广西教育科技人才“三位一体”发展的借鉴启示

为深入贯彻落实党的二十大精神，部分省份先行先试，积极开展一体化推进教育、科技、人才“三位一体”综合改革的探索，形成了一些可推广复制的改革举措，为广西推进教育、科技、人才融合发展提供了诸多启示和借鉴，助力广西加快构建区域创新发展新格局。

6.2.1 加强部门联合，加快完善教育、科技、人才融合政策体系

先进省份均将完善政策体系作为一体化推进教育、科技与人才工作的重中之重。广西应充分借鉴先进省份经验，通过高位战略统筹和前瞻性、系统性顶层设计，出台一体化推进教育、科技、人才工作综合改革措施和配套支持政策，明确干什么、怎么干、谁来干，确保各项目标任务落实落地。同时，参照先进做法，建立跨部门联席制度，强化各地各部门“一盘棋”思维，着力破除制约教育、科技、人才工作一体化协同发展的行政壁垒和体制机制障碍。

6.2.2 健全协同育人新机制，搭建多维度产教融合育人平台

科教协同育人是加快培养造就一支规模宏大、结构合理、素质优良的创新型人才队伍的关键支撑。当下，无论是高校与科研机构、领军企业紧密合作，还是在高校内部系统整合科研与教学，以科教融汇带动人才培养和科技创新，都已成为世界高水平大学的普遍共识，也是国内各省份一体化推动教育、科技、人才发展的共同做法。着眼人才培养与科技创新供需不匹配的结构性矛盾，广西要不断完善科教协同育人机制，通过对组织体制、运行机制、资源配置等方面的综合改革，建立多维度产教融合育人平台，进一步打通影响教育、科技、人才三者良性循环的痛点、堵点，实现科学资源与教育资源、研究资源与教学资源的跨界纵横协同，推动高质量教育、高素质人才、高水平科创相互贯通协同，推进教育链、人才链、创新链与产业链有机衔接。

6.2.3 探索推进高校院所合署改革，实现科学研究与人才培养互促

高校是科技创新的策源地和高水平人才的聚集地。山东等地高校、科研院所合署改革的实践表明，通过合并、整合、联合、合作等多种方式推进高校与科研院所合署改革，可以实现科技攻关过程、科研组织方式与育人环节、育人模式有机融合，有利于形成科技创新与人才培养相互促进、融合发展的新格局。针对目前广西区内高校院所各自为政、大而不强的问题，广西应因地制宜推进高校院所合署改革。

6.2.4 优化高等学校学科设置，提高人才自主培养水平和质量

科技革命和产业变革突飞猛进，世界呈现大发展、大调整、大转折、大变革态势，对我国加快推进人才自主培养提出了迫切要求。人才培养是高校的核心使命，全面提高人才自主培养水平和质量，强化对强国建设的支撑度和贡献力，是高校时代责任的集中体现。广西高校要从教育

的根本问题出发，坚持以科技创新需求为牵引，加快构建高质量育人体系，造就更多兼具家国情怀和创新精神的栋梁之材。要针对新技术、新产业、新业态，动态调整优化高等教育学科设置，有针对性地培养国家战略人才和急需紧缺人才。广西要统筹推进育人方式、办学模式、管理体制、保障机制改革，有力提高人才自主培养能力。拔尖创新人才是最重要的人才资源，是科技创新的主力军，要全面提升拔尖创新人才自主培养能力，下好加快实现高水平科技自立自强、迎接新一轮科技革命和产业变革的关键“先手棋”。

6.2.5 运用系统协同思维，构建“大人才”工作格局

党的二十大对教育、科技、人才进行一体化部署、整体性推进。新时代人才工作的系统性和全局性更强，高地平台建设、战略人才力量引育、人才发展生态营造涉及经济社会发展方方面面，更需要各级党委和政府、各方力量密切配合、齐抓共管。工作实践中，必须深刻把握教育、科技、人才一体统筹推进的战略部署，在工作机制设计、工作力量调配、工作任务推进、政策措施制定、资源要素保障上注重增强教育、科技、人才的同频共振，充分激发各方面主动抓好人才工作的内生动力，形成推动高质量发展的耦合效应和倍增效应，构建党委领导下广泛凝聚政府、市场、社会等各方力量的“大人才”工作格局。

6.2.6 “引育管用留”协同发力，切实增强人才政策精准度

当前人才工作面临着新形势新任务，人才工作的内涵、逻辑和方式方法都发生了很大变化。只有坚持一切从实际出发，紧盯人才工作所需、人才集聚所需、事业发展所需，构建适应新时代人才工作特点的党管人才工作体制机制，才能开创人才工作新局面。工作实践中，既要着眼领导机制、工作力量等人才工作推进过程中的薄弱环节，也要紧盯体制机制、政策服务等人才关注的重点事项，还要聚焦支撑高水平科技自立自强、实现人才引领发展等实际成效，精准发力、有的放矢，着力建立起以问题破解带动工作突破的长效机制，不断推进党管人才工作走深走实。

第 7 章

教育、科技、人才融合发展的典型案例分析

7.1 北京：瞄准国家战略需求聚力攻关

2023 年 5 月，习近平总书记向 2023 中关村论坛致贺信，并强调："北京要充分发挥教育、科技、人才优势，协同推进科技创新和制度创新，持续推进中关村先行先试改革。"北京坚持推动基础前沿科学研究、应用基础研究和共性关键技术研发，注重发挥北京新型研发机构、北京高校创新中心等科研机构平台作用，坚持教育、科技、人才一体部署、一体推进，围绕国家战略需求和北京创新发展需要，加强顶层设计，构建高效、协同、开放的创新体系，协同推进科技创新与制度创新，优化创新资源配置，促进创新要素深度融合。高水平科研人才和创新团队加快集聚，产教融合加速前沿技术人才成长，重要学科领域实现原创性突破，科技成果接续转化应用，为建设国际科技创新中心、提升国家创新体系整体效能、服务中国式现代化建设提供了有益探索。

7.1.1 背景情况

随着科技的发展，教育、科技、人才协同日益成为实现科技突破的重要方式。从国际看，当今世界正经历百年未有之大变局，科技创新正在进入大科学时代，科技发展呈现多源爆发、交汇叠加的"浪涌"现象，科研

活动的复杂程度大幅提升，国家成为重大科技创新的组织者；从国内看，科技自立自强作为国家发展的战略支撑，比以往任何时候都更加需要统筹教育、科技、人才工作，找到科学技术解决方案，增强创新这个第一动力，用高水平科技创新满足国家战略需求。北京有探索教育、科技、人才一体化协同发展的基础和条件，截至 2024 年 3 月，拥有 92 所高校、1000 多所科研院所，布局有高能同步辐射光源等多个重大科技基础设施，全国近一半的两院院士、3 万多家国家级高新技术企业、百余家独角兽企业汇聚于此，研发投入强度保持在 6% 左右，在全球主要创新城市中排名前列。北京充分发挥教育、科技、人才优势，超前谋划科研新格局，探索教育、科技、人才一体化协同发展。

7.1.2 主要做法

北京以新型研发机构和高校创新中心为抓手，推动教育、科技、人才一体化协同发展，建立和拓展合作网络，实现科技突破，促进科技成果转化应用。

1. 坚定“一条路”，服务国家重大战略需求

北京将聚焦国家战略急需、推动科技和产业发展作为服务国家重大发展战略的重要之路。联合中国科学院、清华大学、北京大学等共建单位，整合优势资源，坚持高起点定位、高水平谋划，在量子科学、人工智能、干细胞、脑科学与类脑、区块链等领域，按照“成熟一个，建设一个”的原则，前瞻布局了一批新型研发机构和高校创新中心。

当前，全球量子信息科技已进入深化发展、快速突破的历史阶段，出现重大产业革命的可能性加大，国际传统科技强国都在积极整合各方面研究力量和资源，力争在量子信息技术大规模应用方面占据先机。面对国际科技竞争的制高点，如何跑出量子科技的北京“加速度”？北京量子信息科学研究院瞄准国家战略需求，探索实施“军令状”“里程碑考核”机制，瞄准国家和北京市在量子信息领域的战略需求，明确重大目标导向，将关键任务分解；团队负责人制定科研组织方案，明确阶段性目标、关键节点和标志性成果；组建高水平工程师技术团队，补齐传统高校科研小团

队工程化实践力量不足短板，并给予科研团队经费匹配、人员配置等方面的有力保障，形成大团队快速推进任务攻关模式。通过聚力攻关，北京量子信息科学研究院已相继涌现新一代量子计算云平台 Quafu（夸父）、世界上首个开放式架构双场量子密钥分发系统等一批国际领先的原创性科研成果。

如何破解高校“唯论文”的困局？科研不“唯论文”应该做什么？科研怎样才能避免“打包”“拼盘”？北京尝试给出答案，推动高校和北京微芯区块链与边缘计算研究院强强联合，成立未来区块链与隐私计算北京高精尖创新中心。中心以实现区块链研究“走在理论最前沿、占据创新制高点、取得产业新优势”为目标，围绕“长安链”建设，打破“小科研队伍、小实验平台、小实验设备、小实验环境”科研方式，做“大线出题、小线开题、高校答题、产线考核”的科研，深化产学研融合、上下游衔接、科技与产业协同，有效支持“长安链”系统迭代升级，服务北京建设全球数字经济标杆城市和高质量建成全国数字经济发展战略高地。

2. 推动“双协同”，激发科技创新澎湃活力

近些年，北京在科技创新、制度创新“双协同”上持续发力，出台了《北京市支持建设世界一流新型研发机构实施办法（试行）》等政策文件，为创新科研体制机制、释放科研活力等提供了制度保障。围绕科技管理做“减法”，为科研攻关松绑，探索形成新型研发机构建设“北京实践”。北京聚焦放权改革，创新科研管理机制，率先在量子信息、生命科学、人工智能、纳米能源、应用数学等关键领域，布局建设了高水平新型研发机构。北京新型研发机构实行理事会领导下的院（所）长负责制，赋予院（所）长充分的技术路线决定权、经费支配权和资源调动权；实施财政经费连续稳定支持和负面清单管理，最大限度减轻科研人员项目申报负担。例如，北京智源人工智能研究院作为北京市支持建设的新型研发机构，享有确定研究课题、选聘科研团队、安排科研经费等自主权，通过实施“智源学者计划”，在自然语言处理、机器学习等重点领域，聚集了一批一流学者。2020 年 5 月 OpenAI 公司发布语言模型 GPT -3 后，北京智源人工智能研究院快速组织来自清华大学、中国人民大学、中国科学院等单位的跨机构、大协同的超百人大项目团队，聚力攻关于 2021 年 3 月 20 日发布中国首个超大规

模智能模型“悟道1.0”，并经过不到3个月的更新迭代，于2021年6月1日，发布了当时全球最大的超大规模智能模型“悟道2.0”。

随着科研创新进入复杂系统时代，基础研究、应用研究及技术产业化应用呈现相互作用、交叉融合的态势，对此要如何适应？北京高校创新中心的建设采取了“政府主导、高校支撑、多主体参与、实体运行”的建设运行模式，在加强“从0到1”基础研究的同时，努力从“1”做到“5、6”甚至到“10”。通过倒推项目产业化实施路径及产业化所解决的问题、面临的挑战，加强高校、企业和新型研发机构协同，加快从基础研究、创新突破、转化应用到服务发展的一体化创新，突破关键核心技术，汇聚和培养高层次创新人才，实现创新链、产业链、人才链深度融合，促进创新链上下游贯通发展。同时，打破传统科研项目考核模式，践行“任务目标不减，过程灵活优化”的原则，从“盯报表”“盯流程”向“盯里程碑成果”转变。

3. 打造“三梯队”，汇聚国际顶尖创新力量

创新之道，唯在得人。北京着力提升创新人才吸引力，出台《北京市引进人才管理办法（试行）》等政策文件，以才引才、平台留才、事业聚才，面向全球引进战略科学家、科技领军人才和青年科技人才，打造高水平科研人才队伍，形成衔接有序、结构合理的创新人才“三梯队”。

（1）“帅才”领军，战略科学家定方向。作为国家战略人才力量的“关键少数”，战略科学家在大科学时代中的重要性日益凸显。北京高度重视战略科学家，最大限度支持、激励他们发挥科学素养深厚、视野开阔，前瞻性判断力、跨学科理解能力和组织领导能力强的优势，前瞻布局重点研究领域方向，精准推动关键研究取得突破。一批战略科学家领衔建设北京生命科学研究所、北京雁栖湖应用数学研究院等新型研发机构，组织高水平科研团队勇攀高峰，取得了一批有国际影响力的重大科研成果。

（2）“将才”有为，科技领军人才挺脊梁。科技领军人才是科技革命和产业变革的中坚力量，是“雁阵”中的核心骨干。北京新型研发机构坚持“开放、流动、竞争”的人才引育理念，切实落实科技领军人才引进“一人一策”，在经费匹配、科研平台支撑、科研和工程人员配置等方面给予有力保障，让科技领军人才充分释放创新活力。目前，北京新型研发机构、北京高校创新中心面向全球引进了来自国际顶尖科研机构、科技企业的多

位科技领军人才。

（3）“干才”笃行，青年科技人才筑基石。青年科技人才是国家战略人才力量的源头活水。北京新型研发机构和北京高校创新中心不断激发青年科技人才荣誉感、归属感和责任感，支持他们“挑大梁，担重任”。例如，北京脑科学与类脑研究所 45 岁及以下科研人员承担纵向课题数量占比约 81%，承担科研任务经费占比约 80%。北京通用人工智能研究院积极联合北京大学、清华大学等高校，充分把握人工智能“对内融合、对外交叉”学科特点，强化从教育教学到科研实践的一体化培养，发布《通用人工智能人才培养体系》白皮书，创建通用人工智能实验班和通用人工智能因材施教计划，靶向培养复合型青年人才。

4. 围绕“四维度”，培养关键领域紧缺人才

人才培养犹如自流井，汩汩流动才能润泽大地，才能获得自我“造血”功能。北京加强科技创新后备人才培养，推动新型研发机构、高校创新中心以“有理想信念、有理论功底、有创新能力、有实践经验”为标准，培养心系祖国的青年学子。面向产业链、创新链探索开展科教融汇、产教融合，把学生培养环节推进到产业一线；将理想信念教育融入工程推进过程，推动科研训练与创新实践相融合，持续擦亮爱党报国底色，涵育敬业奉献底蕴；在国家急需的战略领域加快培养具有学科交叉背景、国际视野和家国情怀的高素质创新型、交叉复合型工科人才，激发人才成长内生动力。“纸上得来终觉浅，绝知此事要躬行”。优秀学术人才和卓越工程技术人才总是在产业一线的摸爬滚打中成长。未来区块链与隐私计算北京高精尖创新中心在专业课程、实习实践等学生培养全过程中做好爱党爱国主义教育，引导学生立鸿鹄志、做奋斗者，树牢强国有我的远大志向。同时，夯实学生基础理论功底，激励科研技术创新，“把汗水挥洒在产业一线，把论文写在京华大地”，淬炼一线实践能力。该中心规划了融合基础理论与前沿交叉科学问题、涵盖多知识领域广度与细分研究方向深度的常态化课程讨论机制，着力培养掌握坚实基础理论、具有系统思维和交叉融通能力、解决关键技术问题的优秀学术人才，以及具备直接服务产业一线、解决复杂工程技术问题能力的卓越工程技术人才。实行学术导师和技术专家“双导师”制，双方共同商定人才培养目标、建立定制化培养方案、实施“一人

一案”个性化培养，在理论和实践中激发学生科研创新内生动力。

坚持出成果、出人才、出机制，加快优秀科研人才培养。北京生命科学研究所着力“破四唯”“立新标”，不拘一格选人育人，培养了大批优秀研究生，多位科研人员荣获未来科学大奖、巴鲁克·布隆伯格奖、威廉·科利奖等多项国际国内科学大奖，并走出了3位中国科学院院士。在选才上，北京生命科学研究所坚持唯才是举，注重发掘候选人科研潜力，论文、职称、奖项等并非决定性因素。在科研人员考核评估方面，北京生命科学研究所摒弃短期、硬性、定量的考核方式，不设论文硬指标，以5年为周期邀请国际同行参与评议，决定是否进入下一个聘期，重点评价研究方向、科研选题和水平、科研成果国际影响力等，积极营造敢于勇闯“无人区”的科研环境。

5. 突出“五个抓”，推动世界级成果竞相涌现

当前科技创新在广度、深度、速度、精度上都呈加速跃升趋势，迫切需要新时代的科技创新制度安排和组织方式。北京新型研发机构坚持集智攻关、协同突破，突出科技攻关“抓重大、抓尖端、抓基本”，围绕战略科研任务，着力建设一批科研基础设施；突出“抓系统布局、抓跨界集成”，把各方面力量拧成一股绳，突破传统科研院所小团队、点上研发、条块分割的科研模式，支持跨学科、跨领域深度协同攻关，涌现出一批世界级科研成果，为北京开辟新领域新赛道蓄势赋能。

北京脑科学与类脑研究所研发的全球领先的透明化包埋技术使神经元的走向变得可视化。这项技术的研发，离不开北京脑科学与类脑研究所配套齐全、功能完善的神经科学技术辅助平台支持：载体中心提供荧光标记病毒，动物中心提供实验动物，光学影像中心获取、整合图像形成神经网络的三维立体结构，计算与数据科学中心对海量的大数据进行存储、预处理及分析。基于已搭建的技术辅助平台，北京脑科学与类脑研究所构建起了高质量的科研支持服务体系，有效提升科研效率，在腺相关病毒（adeno-associated virus，AAV）载体和溶瘤病毒的基因治疗技术、高速光学成像技术、新型柔性电极阵列等方面，形成了一批原创性科研成果。

变“跟跑”为“领跑”，北京科研人才开创了学科“新赛道”，在基础科研领域发出“中国声音”。中国科学院北京纳米能源与系统研究所坚持“从

0 到 1”的原创性研究，发展了基于纳米能源的全新科研体系，建立了压电电子学、压电光电子学与摩擦电子学 3 个学科，首先发现了压电电子学效应、压电光电子学效应等 6 个全新的物理效应。目前，全球多个国家和地区的科研机构以此建立研究单元，跟随该研究所开展相关研究。

6. 畅通“六要素”，加快科技成果转化落地

推进教育、科技、人才一体化协同发展，需要系统性、整体性思维的统领，开展建制化、成体系研究。北京新型研发机构和北京高校创新中心在建设中瞄准科技前沿、在研究中锁定产业应用重大需求，以产业为指引、以教育为支撑、以科研为突破、以应用为导向、以金融为助推，贯通“政、产、学、研、用、金”六要素，推动产业应用中“从 0 到 1”的基本原理研究，探索科技成果转化新路径。

“前店后厂”的全新科研组织模式打通了成果转化全链条。未来区块链与隐私计算北京高精尖创新中心坚持产业应用导向，瞄准“长安链”承担国家重大领域数字基础设施建设和支撑北京超大规模城市区块链创新应用所面临的关键问题，开展“命题科研”，布局 5 个相互支撑与协同的研究方向，确定为期 5 年的里程碑年度指标，引入“长安链”系统管理体系及质量控制标准。各团队则围绕里程碑节点开展目标拆解，实施“周简报、月总结、季考核”的任务进展闭环管理，对标里程碑指标“交钥匙”。

有了指挥棒，干事有方向。“前店”完成“长安链”底层核心技术开发、成果转化，“后厂”则攻关前沿基础研究及关键技术，技术与场景实现双向驱动、螺旋上升。未来区块链与隐私计算北京高精尖创新中心成立以来，围绕“长安链”底层技术平台，产出了自主可控大规模对等网络通信技术“若水”、全球最大的区块链开源存储引擎“泓”等一批软硬件实质性前沿科技成果。目前，“长安链”正在支撑经济、民生和社会治理关键行业、重大领域的场景创新应用。其中，截至 2023 年 1 月，北京建设的超大城市政务目录链 2.0 系统中，80 余个部门、16 个区和经济技术开发区，以及交通、金融等领域 10 余家社会机构的数据目录已全部上“链”，支撑跨部门、跨层级、跨领域、跨主体的数据安全共享 1 万余类次、数百亿条，有力保障数据安全有序流通。

从科研到临床试验，再到成果转化，科学研究做得扎实，这个链条就

水到渠成。北京生命科学研究所基于细胞凋亡和细胞坏死信号通路机制研究，研发阿尔茨海默病等衰老相关退行性疾病的治疗药物，孵化的企业在2022年B轮融资两亿美元，创下了当年中国生物科技企业单笔融资纪录，这代表了北京生命科学研究所在科技前沿领域攻关的深厚积淀。

7.1.3 经验启示

北京新型研发机构、北京高校创新中心联合高校和科研院所，突破关键核心技术，汇聚和培养高层次创新人才，实现了创新链、产业链、人才链的深度融合。

1. 坚持党的领导，发挥新型举国体制优势

北京积极探索教育、科技、人才一体化协同发展，既发挥政府统筹协调、协同联动的作用，又注重运用市场化方式盘活创新要素资源，形成推进自主创新的强大合力，为社会主义市场经济条件下开展国家重大科技项目提供新路径。

2. 坚持服务国家战略，做有价值科研

聚焦国家重大战略需求和北京经济社会发展需要，把过去“想干什么能干什么就干什么”，转变成“国家需要干什么就干什么”，将研究项目的设立、科研任务的凝练遴选、研究团队的构建、科技资源的配置等各环节与国家战略、经济社会发展紧密相连，积极主动承担国家重大任务，解决重大科学难题，突破关键核心技术，汇聚和培养高层次创新人才，支撑经济社会高质量发展，加快推进北京国际科技创新中心建设。

3. 深化科技体制改革，实现教育、科技、人才有机结合

教育、科技、人才是有机联系的整体，坚持教育发展、科技创新、人才培养一体统筹推进，形成良性循环。北京充分发挥首都优势，通过探索三大要素联动发展的有效路径，形成推动首都高质量发展的倍增效应，加快培育发展新质生产力，彰显了北京支撑教育强国、科技强国、人才强国建设的重大使命担当。

4. 聚焦融合创新，实施大任务协同攻关

现代科技的知识版图非常庞大、专业分工非常精细，一项科技创新成果可能涉及不同学科，因此，推动科技创新不能单打独斗、单兵突进，而要注重用好“协同”的方法论智慧。要着力推动创新链、人才链和产业链深度融合，加快促进科研成果向中下游扩展和延伸、优秀人才共同培养及双向流动，实现科研与产业无缝对接，集中优势力量攻坚克难，才能解决制约产业发展的关键共性及前沿核心技术的原理性、机理性问题，抢占未来发展制高点。

7.2 中国光谷：教育科技人才“三位一体”融合带动产业发展

武汉东湖新技术开发区是首批国家级高新区，是全国最大的光通信技术研发基地，被誉为“中国光谷”。因“光”而兴、以“光”闻名，光谷秉承“发展高科技、实现产业化”的初心和使命，充分发挥武汉市科教、人才、区位等优势，确立光电子信息产业发展主轴，坚定不移走自主创新道路。坚持系统观念，持续优化资源配置，一体推进教育、科技、人才深度融合、协调联动，为做大做强光电子信息产业提供坚实支撑。深化产教融合，强化人才培养的实践性和针对性，动态调整优化高校学科设置，启动实施“3551光谷人才计划”，率先推出“人才注册积分制”，不断优化人才工作体系，先后推行科技成果转化“四级跳”“黄金十条”知识产权三权下放等系列创新举措，助力核心科技突破，推动创新链、产业链与人才链深度融合，形成光电子信息产业核心竞争力。现代化的光电子信息产业集群反过来也强有力地促进了教育、科技、人才事业的协同发展。经过不懈努力，光谷的光电子信息产业已涵盖“光芯屏端网”等战略性新兴产业，并成功入选国家先进制造业集群，截至2024年，光电子信息产业规模达到6000亿元，成为代表中国参与全球光电子竞争、具有国际影响力的“国家队”。

7.2.1 背景情况

1976 年，武汉邮电科学研究院研究员赵梓森在一间简陋的实验室里拉出中国第一根石英光纤，为武汉带来了“一束光”。1984 年，武汉市决定在东湖畔兴办新技术密集经济小区。1988 年，武汉东湖新技术开发区正式成立（以下简称东湖高新区），“发展高科技、实现产业化”自此成为东湖高新区成立的初心和使命。1991 年，东湖高新区成为首批 26 个国家高新技术产业开发区之一。

进入 21 世纪，武汉的发展也面临着新的问题：①面对各种国内外冲击，钢铁、化工、纺织等传统优势产业发展举步维艰；②武汉不沿海、缺资金，没有太大区位优势；③武汉虽然高校众多，但科研和经济生产脱节，新技术转化为生产力的效率不高。从世界范围看，各国新技术及竞争的焦点正从微电子产业转向光电子信息产业。为了发挥武汉在光纤等光电子信息产业领域的先发优势，2000 年 5 月，赵梓森、周济等 26 位在汉院士与科学家联名建议党中央、国务院在武汉建设国家级光电子信息产业基地——“中国光谷”。2001 年，东湖高新区被批准为国家光电子产业基地，即“武汉·中国光谷”。

成立之初的光谷并不被外界看好。而正是这样的创业之艰，让光谷从一开始就体会到了和创业者一样的拓荒精神、“铁棚精神”，并树立了“保护创业者、尊重纳税人，为科技人员保驾护航”的服务理念。渐渐地，光谷优惠的政策环境和宽松的发展环境吸引了越来越多科研院所的技术人员和高校老师，他们带着自己的技术和科研成果来到光谷创业，这些高科技企业奠定了光谷发展的基础。

7.2.2 主要做法

经过 30 余年的发展，截至 2023 年 12 月，光谷的面积由 24km^2 拓展至 518km^2，常住人口约 120 万人。2024 年全年地区生产总值突破 3200 亿元，稳居全国 10 家“世界一流高科技园区”前列，实现了从“一束光”到一座“创新城”的蝶变。光谷在“追光逐芯”的跨越式发展过程中，探索出一条以高科技产业为载体，教育科技人才“三位一体”融合发展，提升区域高质量发展动能的实践道路。

1. 立足本地科教资源，打开产业发展“起手式”

武汉市委、市政府高度重视东湖高新区筹划，于 1988 年决定将光电子信息产业作为武汉市和东湖高新区主导产业来发展。2001 年，原国家计划委员会、科技部正式批复同意武汉依托东湖高新区建设“武汉·中国光谷”。可以说，光谷的诞生与本地丰富的科教资源有着密不可分的联系。

明确了产业方向后，“一穷二白”的光谷决定将进一步挖掘整合高校、科研院所资源作为发展光电子信息产业的第一步。光谷周边的 42 所高等院校、56 个科研院所中，武汉邮电科学研究院是中国光通信的发源地；华中科技大学的光学工程被评为 A+ 学科，武汉大学的机械工程被评为 A 类学科、测绘科学与技术被评为 A+ 学科，武汉理工大学的材料科学与工程被评为 A+ 学科（教育部第四轮学科评估结果）。凭借建设全国第一家科技企业孵化器（东湖新技术创业者中心）的经验，光谷于 1999 年启动建设东湖高新区国家大学科技园，并于 2001 年成为科技部、教育部首批认定的 22 个国家大学科技园之一。从华中科技大学校办工厂起家的华工科技产业股份有限公司，正是从大学科技园走出的中国高校成果产业化的先行者和光谷实现高科技产业自立自强的典型代表，共创下 60 多项国内行业第一，包括我国首个半导体激光器芯片、首台高性能光纤激光器、首台工业级紫外激光器等。

依托丰富的科教资源，武汉大学、武汉理工大学、华中师范大学等纷纷在光谷建设大学科技园。一座座大学科技园，成为孵化高科技企业的摇篮，截至 2023 年 12 月，光谷涌现出 63 家上市公司。

2. 持续吸引人才集聚，施展产业支撑“连环招”

光谷在产业培育过程中，迅速认识到人才对于产业发展的关键支撑作用。2009 年，光谷启动建设人才特区，实施“3551 光谷人才计划”，在光电子信息等重点产业领域引进和培育高层次人才，成为全国最早实施人才计划并坚持至今的地区之一。高层次人才的加入，为吸引更多人才集聚光谷提供了榜样和示范。2017 年以来，截至 2024 年 8 月，光谷已吸引超过

60万名大学生创业就业。以华中科技大学为例，2021～2023年，每年超过40%的毕业生选择留鄂留汉就业创业，且比例逐年增加。2023年，该校硕士、博士毕业生留鄂留汉比例首次超过50%。

随着产业的发展和人才数量的增加，光谷持续优化人才集聚体制机制。2022年，光谷启动建设人才发展先行示范区，围绕人才评价、激励、服务、培养等关键环节，进一步深化体制机制改革。率先推出“人才注册积分制”，人才在系统上注册填写基本信息“跑分”，积分结果直接匹配人才评价和支持政策。这一创新举措取消学历、职称、论文、奖项等准入性门槛，转而以创新价值和贡献产出为导向，通过一系列客观可量化的评价指标，对人才进行全方位综合评价。该做法以其评价的客观性和直观性大幅缩减人才和企业在申报人才政策过程中的精力投入，得到人才和企业的积极响应。2021年和2022年，光谷人才政策申报数分别为1466人和3709人，同比分别增加106%和153%。

3. 聚焦核心科技突破，打出产业升级“组合拳”

光谷始终坚定“发展高科技、实现产业化”的目标，以关键核心技术突破构筑光电子信息产业发展“护城河”。从“高校产生-孵化器孵化-科技园成长-产业园发展”的科技成果转化“四级跳”模式，到率先发布将科技成果处置权、收益权下放到科技人员和创新团队的“黄金十条”，再到每年5亿元专项资金支持企业科技“硬核”突破的“硬核科技十条”，光谷不断推进改革试点，激发科研人员和企业突破核心技术的积极性。

2012年，武汉光电工业技术研究院成立，它是武汉市人民政府和华中科技大学共建的科技供给、协同创新和产业服务平台。该院成立之初，就通过“黄金十条”推动显微光学切片断层成像（micro optical sectioning tomography，MOST）系统知识产权组以1000万元价格挂牌交易，转化收益70%归研发团队。这笔交易一举创下科技成果转让“标底国内最大、个人及团队分配比例最高”两项纪录，为《中华人民共和国促进科技成果转化法》的修订提供了重要参考，推动了高校知识产权处置权、审批权、收益权的下放改革。截至2023年，该研究院已获得国家级科技企业孵化器等多项国家级认定，培育出200余家、总估值超百亿元规模的光电子信息企业集群。

进入新时代，光谷以更大力度推动科技创新，2022 年研发经费投入强度达到 9.5%，是全国平均水平的 3 倍多。全国首台最大功率 10 万瓦的工业光纤激光器、全球最大尺寸光纤预制棒、全球首款 128 层 QLC（quad-level cell，四层式储存）闪存、首颗北斗高精度 AI（artificial intelligence，人工智能）控制芯片等一系列重大产业科技成果相继在光谷问世。截至 2022 年，光谷已累计培育 5249 家高新技术企业，居全国高新区第四位。截至 2024 年 5 月，以 18 家国家级制造业单项冠军、151 家国家级专精特新"小巨人"企业为代表的光电子信息产业集群成为光谷科技创新的主力军。科技创新已成为光谷争夺国际产业竞争话语权的最强底气。

4. 产业反哺科教人才，"三位一体"共绘同心圆

光谷光电子信息产业是教育、科技、人才共同支撑的结果，而现代化的产业体系也促进了教育、科技、人才的发展。

（1）产业的发展促进了高校教育模式向产教融合转变。为强化人才培养的实践性和针对性，湖北全省高校新增一大批光电子信息产业国家级和省级一流学科建设点。2022 年，光谷作为全国首批 5 家试点园区之一，承接工程硕博士培养改革专项试点工作。工程硕博士在完成高校课程后，将在企业开展 2 ～ 3 年的深入实践，提升解决实际产业问题的能力。近年来，国家先后布局了国家集成电路产教融合创新平台、未来技术学院、卓越工程师计划及未来科技园建设试点四大项目，深度参与光谷产业发展的华中科技大学是唯一四大项目全部入选的高校。

（2）产业的发展促进了引才主体向产业企业转变。政府由引才"主攻手"向"助攻手"过渡，充分发挥产业企业在引才、用才、留才方面的主体作用。树立"人才好不好，企业说了算"的理念，赋予骨干企业和重大创新平台人才举荐权和职称自主评审权。汇集企业重要岗位需求，发布"东湖科学城招贤榜"，面向全球招募年薪 100 万元以上的技术带头人或核心高管，即引即认定为高层次人才。

（3）产业的发展促进了科技创新向满足产业需求导向转变。2021 年 6 月，武汉市人民政府在东湖高新区成立武汉产业创新发展研究院，通过与行业龙头企业合作组建成立一批企业联合创新中心和联合体组织，共同推动关键领域的核心技术研发与产业化，促进产业链上下游更加紧密高效

合作。2023 年 2 月，该院联合全球首个通过自研人工智能系统开发高端存储芯片的北京特纳飞电子技术有限公司，成立高端存储企业联合创新中心，开发和量产高端消费级固态存储产品，推动光谷存储器生态进一步发展。2023 年，光谷推进以用为导向的科创供应链平台体系建设，探索以产业链为切入点、以企业为主体、以用为导向的科创供需匹配新路径，着力解决要素分散、供需错配、能级不强等短板弱项，打造要素富集、供应顺畅、配置高效的科技创新体系。

7.2.3 经验启示

近年来，光谷紧密围绕光电子信息产业发展竞争格局，深入实施建链补链延链计划。在持续支持激光和光通信等已有优势产业领域发展的基础上，加大对集成电路、新型显示产业培育力度，逐步构建了包含“光”（光通信和激光）、“芯”（集成电路）、“屏”（新型显示）、“端”（智能终端）、“网”（互联网）的战略性新兴产业集群，极大丰富了光电子信息产业的内涵和容量。

1. 必须坚持政治引领，牢记“国之大者”

2022 年，习近平总书记在武汉考察时强调：“深入实施创新驱动发展战略，把科技的命脉牢牢掌握在自己手中，在科技自立自强上取得更大进展，不断提升我国发展独立性、自主性、安全性，催生更多新技术新产业，开辟经济发展的新领域新赛道，形成国际竞争新优势。”光谷心怀“国之大者”，以国家总体产业战略布局为指引，针对我国“缺芯少屏”等高端产业发展短板，加大对集成电路、新型显示等新兴产业的培育力度，并超前布局国产数据库、国产操作系统等光电子信息底层技术产业。光谷正加快构建以“国家实验室 + 重大科技基础设施 + 国家级创新中心 + 新型研发机构”的国家战略科技力量矩阵，涌现出一批国内首创、世界领先的创新成果，大幅提升了我国在光电子信息产业领域的国际竞争力。

2. 必须坚持目标导向，紧盯产业建设

现代化产业体系是现代化经济体系的重要内容。长期以来，光谷没有

被资本追逐的浪潮所左右，更没有盲目贪大求全、与其他高新区同质化竞争，而是充分发挥武汉的教育、科技、人才等优势，科学确定以光电子信息产业为主导产业的战略发展方向，并坚持系统观念，始终围绕做大做强光电子信息产业，优化资源配置，实现科技同兴、人才共享、产业同链，以教育科技人才“三位一体”融合带动产业发展。

3. 必须坚持问题导向，先行先试改革创新

光谷始终围绕问题所在、实践所需，先行先试启动改革创新，不断推动以制度创新引领产业发展。从创办第一家科技企业孵化器到率先推出“黄金十条”，着力破解科技成果转化难题；从坚持实施“3551 光谷人才计划”到率先推出“人才注册积分制”，着力破解人才集聚难题；从率先实现干部全员聘任制到打造专业化、市场化、投行化的政府机关，着力破解政府高效服务产业发展的难题。

4. 必须坚持久久为功，保持战略定力

回顾光谷发展历程，光电子信息产业也经历过高峰与低谷，但即使面对国际上出现电子器件、通信设备的大量积压和相关公司亏损，光谷也没有动摇发展光电子信息产业的决心。30 多年如一日，坚持不懈把特色做特、把亮点做亮、把优势做优，在低潮时坚守、在高潮时进取，跨越了产业发展的周期性波动，在新时代又迎来了更快速的发展，逐步构建了足够宽、足够深的产业“护城河”，形成了独树一帜的光谷光电子信息产业集群赛道。

7.3　西安交通大学：推动教育、科技、人才高质量发展

高等教育是实践教育强国、科技强国和人才强国的重要堡垒。西安交通大学（以下简称西安交大）牢记习近平总书记的殷切嘱托，以“西迁精神”为动力引领，以立德树人为根本任务，以“质量、成效、特色、贡献”为价值导向，将“西迁精神”的丰富内涵转化为推动学校高质量发展的实际行动。在“西迁精神”滋养下，西安交大扎根中国大地办大学，在听党指

挥、立德树人、自主创新、产教融合上持续下功夫，使学校党的建设、人才培养、科学研究、社会服务、创新港建设等各项事业均保持良好发展态势，办学实力、社会影响力显著提升，书写了中国特色世界一流大学建设的实践新篇。

7.3.1 背景情况

20 世纪 50 年代，一批交大人响应党和国家的号召，从黄浦江畔搬到渭水之滨，“打起背包就出发”，从上海迁至西安，书写了一段波澜壮阔的历史。西安交大西迁博物馆内的 2000 余件展品、图片，正是那段历史的见证。作为孕育了“西迁精神”的知名学府，西安交大始终扎根西部高质量建设中国特色世界一流大学，服务国家战略和经济社会高质量发展，把爱国奉献、赤诚报国的情怀转化为建设“扎根西部、服务国家、世界一流”大学的新思路、新举措、新作为。

7.3.2 主要做法

作为孕育了“西迁精神”的知名学府，西安交大深入贯彻落实习近平总书记重要讲话精神，坚持听党指挥跟党走，以立德树人为根本任务，以实际行动服务中华民族伟大复兴。

1. 坚持立德树人，引导学生自觉奔赴中西部建功立业

立德树人是教育的根本任务。新时代西安交大坚持以理想信念教育为核心，以培育践行社会主义核心价值观为主线，以完善全员全过程全方位育人体制机制为关键，充分发挥“西迁精神”政治引领、文化感召作用，引导学生自觉奔赴中西部建功立业。①善用“大思政课”，推动思政课程与课程思政同向同行。学校率先开设“习近平新时代中国特色社会主义思想概论课”“西迁精神与大学文化”思政选修课，大力推进西迁人、西迁故事和西迁精神网络慕课资源建设，截至 2023 年 12 月，累计入选国家级一流本科课程 129 门。积极开展第二课堂课程思政建设，构建“馆 - 研 - 展 - 教”研究传承矩阵，开展国家社科基金重大委托项目研究，截至 2023

年4月，已出版60余种西迁主题图书。组建院士、领导干部、专家学者、辅导员、团干部、学生骨干六级宣讲体系，截至2023年4月，举办线上线下宣讲活动近800场。成立学生微宣讲团，从田间地头到工厂车间、从边防军营到繁华都市，学生们把党的声音带到祖国各个角落，吹响爱国奋斗的号角。西安交大西迁博物馆作为首批“大思政课”实践教学基地，截至2023年7月，已累计接待大中小学师生超50万人次。推出《绝不能失信于西北人民》等专题纪录片，创作原创话剧《向西而歌》等西迁主题文艺作品，引导青年学子在文艺作品中感悟“西迁精神”，推动形成“大思政课”育人合力。②完善“三全育人”，推动学生社区内涵建设。推动干部教师进社区、理论宣讲进社区、关心关爱进社区、智慧服务进社区。完善“技术-制度-管理-服务”联动机制，打通多部门、多领域育人链条。推进“四个一百”育人行动，引导学生阅读100本经典、认识100位老师、听取100场报告、参加100场活动。设立基层就业奖励金，表彰奖励到西部基层重点单位、艰苦地区就业的毕业生。③深化“双院协同”，推动书院管理和学院培养有机融合。在国内高校中率先实行本科生书院、学院“双院制”培养模式。双院协同开展“学院党委书记进社区讲党课”，思政教师定期在学生社区开展“西迁精神”主题宣讲、名师大讲堂等。双院协同组织“实验室开放日”活动，每年组织学生参观包括国家级重点实验室在内的各类实验室、中心、平台40余个。尤其在新冠疫情期间，各学院书院联合部署，800余位班主任、学业导师全面响应，通过开展线上联席会、班会、学业辅导课、职业发展规划课、点对点串讲答疑等强化学生教育引导。

2. 坚持自主创新，着力破解关键技术“卡脖子”难题

科技自立自强是国家发展的重要战略支撑。西迁人秉承“向科学进军”的使命投身西北创业，新时代西安交大人牢牢把握科技创新发展的历史方位，建设中国西部科技创新港，勇攀高峰，努力践行科技自立自强，为中国西部高等教育、科技创新事业高质量发展作出重要贡献。①深化基础研究，发挥学科交叉优势。夯实基础学科建设，加强应用学科建设，推动学科交叉融合。基础研究方面，截至2022年8月，西安交大共有16个学科进入基本科学指标数据库（essential science indicators，ESI）学科排名前1%，4个学科进入1‰，1个学科进入前1‱。在第二轮“双

一流”建设高校及建设学科名单中，西安交大有 8 个学科入选。学科交叉方面，学校信息与生物医学交叉团队构建了中国汉族人的单倍型基因组，填补了当时国际标准人类参考基因组中相关缺口，为破解人类基因组中的“未竟之地”贡献了中国智慧。对于这个平均年龄不到 35 岁的科研团队来说，凝聚起他们的不仅是干事业的环境，还有“西迁精神”所彰显的爱国奋斗、敬业奉献的使命责任。②建设创新高地，激发科技创新潜力。截至 2024 年 9 月，中国西部科技创新港已在理、工、医、文方向建立了 8 大共享科研平台、30 个研究院和 400 多个科研基地、智库，如今成为陕西秦创原创新驱动平台的总窗口。③打造前沿学院，培养科技创新人才。西安交大整合传统学科资源，优化学科布局，打破学科专业壁垒，成立现代产业学院、未来技术学院，为未来技术创新突破和拔尖人才培养奠定基础。

3. 坚持产教融合，推动教育科技人才事业高质量发展

产学研深度融合是创新驱动发展的核心内容，也是推动教育科技人才事业高质量发展的“关键一招”。交通大学西迁以建设大西北、服务国家西部工业布局为核心使命，新时代西安交大开启“二次西迁”重大航程，依托中国西部科技创新港，坚持教研一体、产教融合、协同育人，努力服务陕西的国家级“双中心”建设，为西部大开发新格局的形成贡献智慧和力量。①推动校企融合，建立“四主体一联合”校企联合研究中心。西安交大依托中国西部科技创新港建设，深入实施“产教融合、协同育人”创新工程，构建产学研深度融合新模式，即成立由企业作为创新决策、研发投入、科研组织和成果转化四方面主体的校企深度融合新型研发中心，校企开展联合攻关，推动高校科技成果转化，协同推动共性技术研发共享，实现创新链和产业链融合。②创新产教联合，实施“双导师”联合培养模式。为了使学校培养出的研究生更适合企业需求，西安交大积极探索“双管理、双首席、双签字、双导师”的联合人才培养模式，形成了“科学家 + 工程师”联合团队，发挥了企业“出题人”作用，建立了应用牵引基础研究机制，打通了基础研究、应用基础研究、应用研究到产业研发的科技创新链，在联合攻关中培养创新人才，解决企业“卡脖子”难题。③着眼国际视野，发起成立“丝绸之路大学联盟”。近年来，西安交大进一步实施丝绸之路

大学联盟升级行动，拓展联盟新功能，高质量推进教育、文化、科技、产业、医疗等全方位交流合作，打造共建“一带一路”国家和地区人文交流的重要合作平台。联盟联合国内行业领军企业，打造实体化运作、市场化导向的企业主导的产学研深度融合的产业区域发展联盟，服务共建国家和地区经济社会发展。

7.3.3 经验启示

新时代以来，西安交大深入贯彻落实习近平总书记的重要指示精神，积极弘扬和传承“西迁精神”，将爱国奉献、赤诚报国的情怀转化为建设“扎根西部、服务国家、世界一流”大学的新思路、新举措、新作为，在坚定政治方向、全面立德树人、服务国家建设方面积累了丰富经验。①挖掘“西迁精神”时代内涵，激励知识分子听党指挥跟党走。西安交大积极挖掘和传承“西迁精神”新时代内涵，号召广大知识分子为党和国家事业发展贡献智慧和力量。将弘扬“西迁精神”与党史学习教育紧密结合，持续开展“走中国青年知识分子成长的正确道路”研修活动，引导师生争做“西迁精神新传人”，在新的历史起点上“心怀大我”，始终与党和国家同向同行，为党和国家事业奋斗终身。②善用“西迁精神”丰富资源，不断开辟立德树人工作新局面。高校立身之本在于立德树人。西安交大始终将立德树人作为根本任务，教育和引导广大学子从“西迁精神”的丰富资源中汲取前进力量，培养担当民族复兴大任的时代新人。西安交大牢牢把握思政工作“生命线”，不断健全“三全育人”“五育并举”工作机制，通过建设“研究式”理论课堂、“主旋律”实践课堂、“全景式”数字课堂、“亮剑式”论坛课堂，全方位盘活“西迁精神”各类资源。③激发“西迁传人”奋斗精神，更好地服务国家经济社会发展。西迁以来，西安交大高扬爱国奋斗旗帜，竭尽心力为国家建设培养工业化人才，西迁后 10 年，西安交大就培养了毕业生 1 万余人。党的十八大以来，西安交大继续从“西迁精神”中汲取艰苦创业的奋斗力量，鼓励师生着力破解关键核心技术的“卡脖子”难题，以产学研深度融合为依托融入地方经济社会高质量发展，坚持以陕西秦创原创新驱动平台为依托，发挥中国西部科技创新港“总窗口”作用，促进创新链、产业链、资金链、政策链互动融合，打造服务西部乃至全国高质量发展的创新引擎。

7.4 北京科技大学：强化“三位一体”牵引能力

7.4.1 背景情况

北京科技大学是中华人民共和国建立的第一所钢铁工业高等学府，为我国钢铁工业发展作出了积极贡献。习近平总书记2020年、2022年两次给北京科技大学师生回信，充分肯定学校的办学成就，深切勉励学校要坚持特色、争创一流。北京科技大学融贯党的二十大报告提出的“教育、科技、人才是全面建设社会主义现代化国家的基础性、战略性支撑”重要论断和习近平总书记重要回信内容的精神实质、核心要义，“三位一体”统筹推进教育、科技、人才各项工作，积极构建互促互进的良性循环格局，持续激发推动高质量发展的倍增效应，学科根基更加坚实，人才培养更加有力，师资队伍更加壮大，科研成果更加丰硕，对外合作更加广泛。

7.4.2 主要做法

1. 紧扣立德树人根本点，强化“三位一体”协同能力

“培养什么人、怎样培养人、为谁培养人”是教育的根本问题，也是建设教育强国的核心课题。高校立身之本在于立德树人。北京科技大学牢记“为党育人、为国育才”初心使命，深化教育教学改革，促进科技创新、师资队伍建设与人才培养同频共振，全面提升人才自主培养质量。

（1）以更宽视野系统构建“钢筋铁骨”特色育人模式。北京科技大学深入学习贯彻习近平总书记重要回信精神，紧紧围绕立德树人根本任务，深挖新时代伟大实践中的育人富矿，深入实施“钢筋铁骨”育人行动，着力培养具有为国奉献钢筋铁骨的高素质人才。①以课程教学“浇根”。围绕课程教学环节中思政“盐少”“味淡”等问题，在课程建设中打造思政“厨房”、在教学实践中提高育人“厨艺”，源源不断提供精神“营养”，切

实推进思政课和课程思政改革创新。北京科技大学开设“钢铁思政”大讲堂，建成全国首家“数字马院”；举全校之力打造由院士领衔的“大国钢铁”，入选教育部课程思政示范课项目，被《新闻联播》报道。②以日常思政“铸魂”。针对新时代大学生的群体特征和个性特点，坚持“精准化、精实化、精品化”导向，努力实现思政工作由“大锅饭”向“分餐制”、由“说教式”向“启发式”、由“灌输式”向“体验式”、由“单向式”向“互动式”的转变。③以劳动实践“锻体”。聚焦“育人实效、学做结合”问题，坚持将社会实践作为增强思想政治工作针对性、实效性的“推进器”，把社会实践作为必修课程纳入教学方案，在实践活动中引导学生识家国情、立报国志。北京科技大学社会实践课程先后获国家精品课程、国家教学成果二等奖，被《求是》誉为实践育人的“北科大模式”。近年来，北京科技大学建成开放习近平总书记重要回信展室，发起承办“习近平总书记与大学生在一起”全国高校学习分享活动启动仪式，推动成立以钢铁行业相关高校、科研院所、重点企业为构成主体的新时代高校“钢筋铁骨”育人共同体，着力培养担当民族复兴大任的时代新人。

（2）以更大力度迭代升级拔尖创新人才培养体系。坚持因材施教、应才培养理念，系统构建形成 1.0 ～ 5.0 版本、层层递进的人才培养体系，相关探索获国家级教学成果奖 5 项。1.0 版本是本科生全程导师制。北京科技大学每年投入专项经费支持，组建由 10 位院士领衔、1600 余位专任教师组成的导师队伍，为所有本科生配备导师，要求导师围绕学生生涯规划、学业辅导、创新能力等进行全方位、四年全过程指导，实现导师全面引领、团队协同育人、深化创新训练、师生密切互动、育教有机统一的目标。2.0 版本是本硕、本博贯通培养。北京科技大学将本科生、硕士生、博士生三个阶段的课程与研究有机结合，学制贯通统一规划、专业试点贯通发展，在保证培养质量和符合学术标准的前提下，缩短学生在校学习年限，培养更多适应社会发展需求的高素质人才。3.0 版本是“一生双师百企千人”卓越工程人才培养计划。北京科技大学以服务国家重大战略需求、服务行业高质量发展为目标，以入选国家卓越工程师学院为契机，实行校企“双导师制”，安排学生到生产实践一线中受锻炼、长才干，同时提升教师教育教学、科技创新和社会服务能力，实现人才培养、师资队伍建设和科技创新的有机统一，推动人才和技术双转移，以“订单式”育人实现“精准化”就业。北京科技大学正积极推进同百余家行业重点企业合作，力争为行业培养出千余名卓越工程人才。4.0 版本是课程体系重构。通过打破传统学科、专业之间的课程体系壁垒，在保证质量的前提下，允许学生选修其他专业课程并计入学位学分。同时，北京科技大学根据市场需要和岗位需求，围绕某个特定专业领域、研究方向或者核心素养，设立“微专业”，灵活搭配课程，提高学生知识结构的复合性，以人才培养的“多样性”提升与社会需求的匹配度。在此基础上，北京科技大学进一步探索打造 5.0 版本——“种子工程”。着力整合资源、统筹力量、创新思路，培养具有国际视野、国际胸怀、国际实力，能参与全球竞争、全球比较、全球发展的高素质人才。

2. 抓好科技创新着力点，强化“三位一体”牵引能力

党的二十大报告指出，要“以国家战略需求为导向”“推动创新链产业链资金链人才链深度融合”。高校是国家战略科技力量的重要组成部分，北京科技大学以服务国家重大战略为导向，坚持“四个面向”，突出“三个三”的建设思路和“减、增、放”科研管理体制机制改革的创新思路，充分发挥学校“三个第一”结合点的优势，加快建设国家战略科技力量，更好引领、服务新质生产力发展。

（1）大力推进有组织的科技创新。聚焦“有组织”这一重点难点问题，北京科技大学将科研管理部门改革为三个实体机构，分别负责纵向、横向和国防项目的管理服务，统分结合、协同发力，着力在搭建大平台、组建大团队、承担大项目、凝练大成果上下功夫，发布北京科技大学《面向 2030 到 2035 的重大科学问题和关键技术问题清单》，以清单为抓手，通过科教、产教、军民、校地四个融合，集合校内外优势力量，大力推动基础研究和原始创新，全力破解关键核心技术问题。同时，北京科技大学聚焦战略科技力量建设，分层分类做好科研平台全流程管理工作。①面向国家战略需求，立足特色优势学科和现有省部级科研平台，超前谋划布局跨学科的国家级重大科技创新平台；②按照“目标任务实”“攻关团队实”“物理空间实”“条件保障实”“贡献成效实”标准建强省部级平台；③与行业龙头企业联系合作，布局建设多学科交叉校企研发平台；④根据重大任务需要，组建“实体”和“虚拟”校内新型研发机构，灵活、有效调动创新

要素。近年来，一大批北科成果被运用于天宫、复兴号、北斗、先进飞机、中马友谊大桥、北京 2022 年冬奥会滑雪大跳台等重大装备、重大工程和先进半导体、生物育种、西气东输、三星堆科技考古等重要领域。

（2）持续提升服务发展能力水平。深刻把握国家重大战略、区域协调发展、产业提能增效需求，构建“一机构、两体系、三队伍”工作机制，北京科技大学科技成果转化研究院负责统筹校内科技创新成果服务地方发展的前期培育、中期协调和后期保障各项事宜，各部门协调融通、同向发力，形成建制化、体系化服务地方经济发展和产业技术进步的科技创新成果培育体系和成果转化体系。同时，大力加强研究队伍、协调队伍和保障队伍建设，将科技成果转化的抓手切实延伸至科技创新第一线。2023 年是北京科技大学的开放合作年，学校全员行动、全面对接企业需求，全年签订产学研合同额达 13.5 亿元，同比增长 50%。北京科技大学积极以“北科之有”服务“首都之需”，助力北京高精尖产业发展。例如，自主研发的高铁刹车片在北京实现产业化落地，彻底打破进口产品长期垄断局面，应用于“复兴号”所有车型，实现我国高铁制动材料和技术完全自主可控。

3. 把握人才队伍关键点，强化“三位一体”支撑能力

培养造就大批德才兼备的高素质人才，是国家和民族长远发展的大计。高校是创新人才的集聚地。北京科技大学坚持党管人才原则，始终把高层次人才队伍建设作为重中之重，深入实施“2513”战略[①]，按照“引育并重、优化结构、提升质量、增强活力”人才队伍建设思路，努力构建一支师德高尚、业务精湛、结构合理、充满活力、富有创新精神和国际竞争力的高质量师资队伍，不断夯实学校落实立德树人根本任务、服务高水平科技自立自强的支撑保障能力。

（1）打造人才发展雁阵格局。对标北京高水平人才高地建设，推进“高水平拔尖人才引进计划”“北科学者”人才支持计划，设立人才特区和新型研发机构，实现“以才荐才”“平台引才”，形成由战略科学家、学

① 指到“十四五”时期末，北京科技大学引育全职两院院士数达两位数，汇聚 50 名学科领军人才、100 名拔尖人才、300 名优秀青年人才。

术领军人才和高水平创新团队构成的梯次人才队伍。此外，北京科技大学深化教育评价改革，探索“评晋聘”三位一体职称职级岗聘体系，健全完善“一宽松、三倾斜、两善待”职称评定机制，深化院系人事自主权和教师多元化、发展性考核评价体系改革，推动形成“有劳有得、多劳多得、优劳优得”的绩效激励机制，为教师成长成才、潜心育人、埋头创新创造条件。

（2）第二，建好青年人才发展矩阵。北京科技大学全力支持青年教师成长与发展，重点推进思想引航、发展赋能、质量培优、保障护航四项行动。①实施思想引航行动。加强“鼎新”青年人才领航工作站（党支部）建设，通过实施“铸魂培基、师德培育、骨干培养、成长培护”四项计划，强化青年教师政治引领。②实施发展赋能行动。大力推进学科交叉融合发展，设立联合支持专项；深入实施项目导师制，健全管理制度；“一人一图”动态跟踪青年人才成长，精心辅导并协助规划最佳成长路径；细化评价标准，不同类型人才分类申报、分类评审、分类晋升。③实施质量培优行动。完善“北科学者”人才支持计划，对取得标志性成果和突出业绩的优秀青年教师进行重点培育。持续完善“双走”战略、项目导师制等政策，职称评审进一步向青年教师倾斜，为青年人才脱颖而出创造条件。④实施保障护航行动。加强青年教师服务凝聚。聚焦实验条件、住房改善、子女入学等青年人普遍关心的问题，不断盘活存量、做优质量、拓展资源，解决青年人的后顾之忧。

7.4.3 经验启示

北京科技大学立足教育、科技、人才一体改革的战略部署，在立破并举、守正创新中实现各项工作的系统性跃升和质变，在统筹推进教育科技人才“三位一体”融合发展中积累了丰富的经验。①要坚持学科为先，积极构建支撑世界一流大学建设的学科体系。②要坚持学者为重，着力打造高水平人才队伍。③要坚持学生为本，厚植拔尖创新人才培养沃土。④要坚持学术为基，有力支撑高水平科技自立自强。⑤要坚持学堂为要，夯实一流大学建设的空间基础。⑥要坚持学风为魂，努力营造风清气正的校园风气。

7.5　集成电路卓越工程师创新研究院：深化科教产教融合育人

党的二十大报告提出，要推进产教融合、科教融汇。集成电路卓越工程师创新研究院以产业真问题为牵引，推动产学研“三融合”，着力构建有组织的高层次创新人才培养体系，加强有组织科研，深化有组织育人，构建全创新链聚力攻关新模式，加快培养集成电路高层次创新人才，初步形成了科教产教融合的高水平人才培养体系，改革经验值得借鉴。

7.5.1　背景情况

北京集成电路卓越工程师创新研究院（以下简称“创研院”）依托北京经济技术开发区在集成电路领域良好的发展基础和完整的产业布局，与北京大学、清华大学深度合作，围绕创新链、产业链和人才链深度融合发展，打造产学研深度融合新范式。面向集成电路行业产业和前沿技术，将高水平科学研究和高层次人才培养推进到集成电路产业一线，深化科教产教融合协同育人，推动产学研从松耦合向高密度互动的紧耦合转变，构建有组织的高层次创新人才培养体系，全力打造新时代高等教育发展高地。

7.5.2　主要做法

1. 加强有组织科研，深化有组织育人，构建全创新链聚力攻关新模式

创研院围绕集成电路重大需求和关键共性问题突破的产学研合作创新，推动北方集成电路技术创新中心（北京）有限公司、北京超弦存储器研究院、中芯京城集成电路制造（北京）有限公司等头部企业和清华大学、北京大学等高校多元主体“同题共答”。加强有组织科研，推动高校深度整合创新资源，聚焦集成电路底层关键技术创新和解决“卡脖子”问题，深化学科交叉融合，加强从基础理论到技术产业化突破的全流程研究，以

科技创新赋能产业链再造和价值链提升。清华大学、北京大学等高校科研人员和硕博研究生深度参与集成电路设计、先进制造、关键装备材料零部件、先进封测等全产业链科研攻关实践，推动高校科研力量与北京经济技术开发区集成电路产业深度融合，促进科研资源、信息开放共享，形成创新成果的链接、聚合、流动与溢出效应，协同打通“基础创新 - 原型验证 - 工程开发 - 量产转移”全创新链，加快创新链、产业链和人才链整合创新。

2. 以产业真问题为牵引，产学研“三融合”，加快培养集成电路高层次创新人才

聚焦集成电路关键领域，创研院推动高校与集成电路龙头企业深度合作，依托产学研“三融合”，加快集成电路高层次创新人才培养。①在物理空间上深度融合，将科研攻关与人才培养融入产业一线。支持清华大学、北京大学等高校在北京经济技术开发区建设集成电路高精尖创新中心，深入北京集成电路产业腹地，与北京超弦存储器研究院、中芯京城集成电路制造（北京）有限公司、北京集电控股有限公司、赛莱克斯微系统科技（北京）有限公司等头部企业联合，实现集成电路科研与产业物理空间的融合。②校企导师深度融合，校内导师深入产业实际应用、企业导师深入人才培养。由中芯国际、北方华创等集成电路企业中具有高级技术职称或同等水平的资深技术专家作为产业指导教师，与校内导师形成校企双导师指导组，师生共同面向产业实际问题，以产业需求为导向，以实际应用为目标，共同开展科研攻关和人才培养。企业导师深度参与人才培养，并参与学生科研成果的评价考核。③培养过程与产业一线深度融合。研究生培养过程中，明确研究课题并参与企业实际项目，让学习与实践落在真实的应用场景，在集成电路产业链企业或者有明确成果转化背景的课题组开展综合实践和实训，利用产业一线的先进研发平台资源，让学生在产业一线发现真问题、在创新一线研究真问题、在需求一线解决真问题。

3. 大力改革创新，重构硕博士培养体系，突出关键技术攻克和工程创新能力培养

创研院以培养具有突出技术创新能力、善于解决复杂工程问题的集成电路高层次人才为目标，改革培养方案，在课程体系、培养环节、产业导

师等方面深化产学研融合，以产业需求为导向，以实际应用为目标，从产业一线的具体需求中组织凝练研究生论文方向和研究课题，培养解决复杂问题和技术创新能力。在“真工程”“真问题”环境中培养研究生，着力提升工程硕博士的实践创新能力。清华大学针对集成电路全产业链需求和工程创新能力培养目标，制定全新的课程架构，形成新的研究生课程体系，以集成电路制造与设计为中心，将集成电路学科的知识架构归纳为半导体物理与器件、集成电路工艺、集成电路设计、系统芯片与系统应用四个层次，成立了 6 个核心课组，以 10 门核心课为基础，构建从底层材料与器件到上层系统芯片与系统应用的完整知识体系，突出关键技术攻克和工程创新能力培养。

7.5.3　经验启示

2024 年，创研院推动北京大学、清华大学等高校科研人员和硕博研究生进入集成电路设计、制造、装备、材料、部件、封测等全产业链科研攻关与实践，组织中芯国际、北方集成电路创新中心、北方华创等企业通过“揭榜挂帅”方式，联合高校攻关产业化课题，初步形成了科教产教融合的高水平人才培养体系。创研院通过整合有关高校院所、头部企业等多方资源，实现了从有组织科研到有组织创新人才培养，再到有组织服务经济社会发展的跃升，为首都发展提供有力的人才保障和智力支撑。

在本案例推广过程中，要结合区域产业优势构建人才培养体系，选准人才培养方向和重点，针对当前面临的关键核心技术组织多方力量共同进行攻关。要充分利用高校院所技术力量，结合产业需求进行科教产教融合发展。

7.6　京东方：打造技术策源地，为高质量发展增添新动能

京东方科技集团股份有限公司（以下简称“京东方”）立足“科技创

新主体”的企业定位，明确短期、中期、长期、远期战略目标，构建半导体显示、物联网创新、传感器件三大技术策源地，通过关注全球技术寻源与合作、招募顶尖技术人才、加大资金投入、促进成果转化等系列措施，确保技术创新持续领先。同时，构建包括敏捷前台、集约中台、高效后台的横向运营平台，战略管理、流程管理与绩效管理的纵向管理机制为主干的“三横三纵”运营管理机制，形成技术创新组织方式和企业运营管理模式典范，可以为同类企业高质量发展提供借鉴。

7.6.1 背景情况

全球经济低迷，消费电子市场需求疲软，半导体显示市场趋于饱和，市场竞争激烈，给企业发展带来了诸多不确定性。面对挑战，京东方持续推动高质量技术创新，构建半导体显示、物联网创新、传感器件三大技术策源地，通过持续稳定地进行研发投入，不断优化资源配置，确保技术持续领先。在推动企业内部自研的同时，京东方联合高校院所及其他创新机构，并携手上下游企业及生态伙伴，以京东方全球创新伙伴大会为平台，开放创新模式推动共创共赢，全力支撑北京国际科技创新中心建设。

7.6.2 主要做法

1. 强化技术供给

坚持技术与产品创新，持续打造半导体显示、物联网创新和传感器件三大技术策源地，推动技术探索及应用。半导体显示领域，按照短期、中期、长期、远期进行技术布局，聚焦量产工艺和技术创新应用；中期布局新兴量产技术；长期布局下一代新型显示技术，包括 3D 光场等技术；远期布局颠覆性新材料、新器件、新工艺等，确保技术持续领先。物联网创新领域，聚焦市场及客户需求，强化新技术、新产品储备，围绕数字艺术、智慧金融、智慧零售、商务办公等多个细分领域开发软硬融合解决方案，加快产品迭代出新，产品线不断丰富。传感器件领域聚焦器件设计、工艺验证及系统解决方案集成研究，为交通与建筑智慧视窗、消费电子、工业传感器等多个领域提供创新产品及解决方案。在此基础上，京东方继续拓展前沿技术领域，挖掘创新技术，进一步打造技术竞争优势和产品创新力。

2. 集聚创新要素

京东方不断加大顶尖技术人才的招募和培养，通过国内外招募、内部举荐、鼓励外部行业领军人才加盟，搭建技术人才蓄水池，选拔合适的研发人才充实到销售一线，强化技术研发服务市场及客户需求，提升研发人员技术能力。同时，推行指标引导、激励激发、文化营造相结合的创新激励机制，包括项目和人才激励，激发人员活力。另外，在创新驱动理念指引下，继续提升研发平台能力，打造完善的专利管理体系，推动技术研发成果的产出和应用落地。

3. 深化创新协同

京东方坚持“全球首发、技术领先、价值共创”的理念，加强与国内外高校、研究机构、产业链上下游合作伙伴、协会联盟等的协同创新，通过联合研发、委托开发、平台共建等模式，建立紧密的创新合作关系，积极申报国家级、省部级重大课题，发挥各方优势资源开展关键技术攻关，推动技术成果转化，共建生态，共创价值。

4. 促进成果转化

京东方坚持客户导向，聚焦产品附加值提升和成本降低，强化基础技术和平台技术研发，加速技术成果产品化和产品结构调整，全力确保技术和产品的前瞻性、领先性，持续推进技术突破和产品创新，支撑技术成果在产品及解决方案中的应用，实现价值转化。

7.6.3　经验启示

1. 持续领跑新一代信息技术领域科技创新

在液晶显示器（liquid crystal display，LCD）领域，高级超维场转换技术增强版（advanced super dimension switching-pro，ADS Pro）通过材料改善、新型驱动电路架构设计、工艺优化，实现与有机发光二极管（organic light emitting diode，OLED）画质相媲美的大尺寸产品并成功导入头部客户，掀起 LCD 画质革命新浪潮；在 OLED 领域，研发出高分辨率柔性可弯折有源矩阵有机发光二极管（active matrix organic light emitting diode，AMOLED）显示技术，OLED 柔性产品竞争力进一步提升；在氧化物半导体显示技术领域，提出栅极驱动电路集成模型，在京东方六条量产线实现规模性应用，实现了超窄边框低功耗超高清产品量产。超高清视频画质增强技术有效解决行业超高清片源匮乏问题，提升视频处理效率 2 倍以上，降低成本 80% 以上，产品及解决方案优势得到进一步强化。

2. 自主创新能力不断增强

京东方始终坚持“对技术的尊重和对创新的坚持”，立足“科技创新主体”的企业定位，不断强化自主创新能力，优化资源要素配置。研发投入方面，京东方持续加大力度，2020 ～ 2022 年研发投入累计达到 344.8 亿元。创新载体方面，京东方以北京研发总部为中心，研发资源辐射全国，涵盖柔性 OLED 测试平台、OLED 中试平台、MLED[mini light emitting diode（迷你发光二极管）和 micro light emitting diode（微发光二极管）的统称]。工艺技术平台、传感中试平台等在内的技术验证及生产性验证平台。同时，京东方被认定为国家企业技术中心、国家技术创新示范企业。

3. 技术创新协同机制进一步完善

京东方围绕新型显示、传感技术、人工智能等核心技术领域，与国内外高校、研究院所等技术主力开展多种形式的合作，构建技术创新主体协同机制。京东方与国内顶尖高校建立战略合作，与部分高校建立了联合实验室，共同推进相关技术的联合研发合作。同时，与国内外知名高校及研究机构、产业链上下游合作伙伴开展项目合作。另外，京东方积极参与各种国际、国内交流与合作，在全球显示领域盛会——2023 国际显示周上，京东方携 ADS Pro、f-OLED、α-MLED 三大技术品牌赋能的多款领先技术产品亮相，并举办“定义未来——京东方创新生态论坛”，与行业伙伴共同推动全球产业发展。

7.7　北京集成电路产教联合体：打通成果转化“最后一公里”

为加强集成电路人才有效供给，推动集成电路产业高质量发展，北京集成电路产教联合体（以下简称“联合体”）于 2023 年 6 月在北京经济技术开发区落地。联合体是依托北京经济技术开发区、采用“政府主导、学校主体、企业协同”的运作模式建立的政校企联合体。由北京经济技术开发区管委会发挥政府主导作用，北京电子科技职业学院（以下简称“北电科”）作为秘书长单位，联合北京工业大学、北京集成电路卓越工程师创新研究院等科教机构及北方集成电路技术创新中心等 30 余家单位共同建设。

7.7.1　背景情况

联合体以产业园区为基础，在政府统筹下，建设新型集成电路人才培养平台，汇聚“政产学研用”各界资源，推动集成电路技术成果生产力转化与生产一线人才培养，服务北京市集成电路产业高质量发展。为服务集成电路企业技术创新与成果转化应用，北电科与获得“北京市隐形冠军”称号的北京集创北方科技股份有限公司（以下简称“集创北方”）合作，联合共建集成电路公共实践平台——北京经济技术开发区“集成电路产品与测试”中试基地（以下简称“中试基地”）。中试基地针对新型液晶屏驱动芯片测试这一环节设计和建设，共有 15 条芯片测试产线，承担北京经济技术开发区集成电路企业的芯片测试任务，可完成 100 多项集成电路芯片指标的测试，同时可兼顾企业量产。

7.7.2　主要做法

中试基地从三个方面推动了深度的产教融合，服务地区集成电路产业高质量发展，并在解决科技成果转化“最后一公里”方面取得了显著成效。

1. 开展技术服务促进企业发展

中试基地与集创北方共建联合运营团队，学校提供设备、场地等资源，企业技术专家入驻中试基地，联合开展发光二极管（light emitting diode，LED）显示芯片测试项目。项目包括版图设计、嵌入式系统编程到系统调试、功能检测等环节，2023年完成了3000万片芯片的量产测试任务，并面向北京经济技术开发区集成电路企业开展员工培训500人次，有效提升了企业员工技术水平，促进了企业的持续发展。中试基地还发挥北京经济技术开发区集成电路产品测试中试基地产业级集成电路（integrated circuit，IC）测试核心设备的优势，校企联合打造创新型第三方公共测试服务平台，承接北京经济技术开发区企业芯片测试中试项目，助力企业产品创新应用。

2. 创新专业人才培养机制

以中试基地为平台，承接国家级集成电路课程实施能力提升培训项目，提升教师队伍专业水平。中试基地面向集成电路专业学生开展实践教学，引入企业实际生产项目，搭建具有工业级设备的生产性实训环境，实施“真岗位、真项目、真应用”教学，提升学生专业能力与岗位实践能力。以中试基地作为平台的培养模式，让众多学生受益匪浅。

3. 加强教学及科研成果转化

依托中试基地实践项目，推进教学与教法改革，北京集成电路产教联合体开发“集成电路测试技术”“集成电路版图设计”等课程3门，编写教材3本，开发职工培训标准1项。中试基地每年接收电子信息工程技术、应用电子技术等专业学生150余名，开展集成电路芯片测试、数字集成电路设计等理实一体化课程教学，开设集成电路测试技术项目实战、集成电路版图设计项目实战等实习实训。教师依托中试基地开展集成电路封装、测试，以及集成电路芯片设计等方面的科研工作，近年来北京集成电路产教联合体发表论文30余篇，授权专利15项，立项北京市教育委员会面上项目3项、北京市教育信息化创新课题1项、北京市教育规划课题1项。北京集成电路产教联合体参加北京市、国家教学能力大赛，获国家二等奖

2 项、北京市一等奖 2 项、北京市二等奖 2 项。学校与企业形成良好的互动机制，教学与量产相得益彰，实现校企协同发展。

7.8　常州新能源产教联合体：推动产业转型升级“加速器”

7.8.1　背景情况

常州新能源产教联合体由常州工业职业技术学院和万帮数字能源股份有限公司共同牵头，依托武进国家高新技术产业开发区建设。常州新能源产教联合体实体化运行以来，坚持以服务常州“新能源之都”建设与发展为导向，以深化现代职教体系改革与创新为引领，以提高高素质技术技能人才培养质量为核心，以产助教，在“实”有成效、“产”有加力、“教”有真章三方面下功夫。

7.8.2　主要做法

1. 深耕“实”字大文章，发挥多元主体联合效应

常州新能源产教联合体以服务常州“532”发展战略和“新能源之都”建设为主线，充分发挥政府统筹、产业聚合、企业牵引、学校主体优势，成立联合体理事会，理事会成员由政府、学校、行业领导组成，理事会下设战略咨询委员会和专家委员会，并制定会商、评价、激励等管理制度体系。同时，为促进联合体成员单位互联互动，常州新能源产教联合体搭建了新能源产业领域“产科教”融合智慧云平台，发布联合体内企业技能人才岗位需求，形成动态更新的常州新能源行业发展分析报告、行业人才需求预测报告、行业人才供需清单、技术供需清单，有效破解了联合体实体化运行难题。常州新能源产教联合体聚焦服务常州新能源“发储送用”产业集群发展，校企共建相关专业群，实施新设专业奖励和评估制度，增强专业适应与服务常州新能源产业发展能力，形成具有常州特色、服务常州

产业发展的专业结构布局，推动实现产教全方位、全领域共建共享。

2.瞄准“产”字大作为，构建“产学研用”融合发展平台

以党建为引领，积极打造“新能红盟”，用党建链串起教育链、人才链、创新链、产业链。组建常州市“新能源之都”产科教联盟，集合高校、科研机构和企业等创新资源，不断扩大产学研合作对接领域，推动共性技术、关键核心技术协同攻关，增强人才培养供给的匹配度。截至2024年3月，以平台为依托，常州新能源产教联合体建成了一批产教融合重点项目库，建有省级实训基地25个、市级综合性公共实训基地2个；常州新能源产教联合体内院校与合作企业共建校外实训基地1500余个，在建6个项目；4个产教融合基地入选国家“教育强国”重点项目。常州新能源产教联合体积极打造新能源产业集群科创增长极，通过建设龙城实验室等共性技术服务平台，协同解决产业关键共性难题，建设科创综合体；组建混编技术研发及应用团队，实施“一师一企业一课题”工程，抓住企业转型升级的痛点、难点，有效促进常州产业加速升级；依托中德（常州）创新产业园等国际合作平台，推进“组团伴企出海”。此外，常州新能源产教联合体“产学研用”一体化发展平台提供完整的创业孵化、产学研转化、企业人力资源、技能培训等服务，成为常州新能源产业发展的加力“倍增器”。

3.聚焦“教”字大转型，构建“产教赛研”技术技能人才培养模式

常州新能源产教联合体探索中国特色现代学徒制、新型企业学徒制的高技能人才培养成功模式及创新路径，培养能够推动加快形成新质生产力、解决实际问题、具有工匠精神和快速适应市场变化的精操作、懂工艺、会管理、善协作、能创新的高技能人才。为此，常州新能源产教联合体打造了集生产、教学、实训、培训、科研、竞赛、评价、科普“八位一体”一站式实践育人基地，进一步优化学科专业设置，开发新兴专业实践教学课程，校企联合开展企业后备技能人才培养的“种子计划”和“桩主计划”，加大新能源领域人才培养覆盖面。为保障人才培养质量，常州新能源产教联合体实施“百名教授进千企”工程，组建由大国工匠、技能大师、优秀教师组成的教学团队，加强校企人才双岗互聘；实施校企联合招

生，共同制定和实施人才培养方案、共建教学资源，建设现场工程师学院；以学生毕业能力指标点为起点反向设计课程，构建“OBE（outcome based education，成果导向教育）+ 项目化”课程体系，创新教学模式，重点培养学生充分利用现代技术、适应现代高端先进设备的水平，提升学生的综合职业素质和知识技能快速迭代能力。

对策建议篇

| 教育·科技·人才三位一体融合发展研究与探索 |

第 8 章

广西教育科技人才“三位一体”发展路径与对策建议

新变局带来新机遇，新时代赋予新使命。推动教育、科技、人才融合发展既是赢在当下的时代之需，也是赢得未来的发展之策。探索教育科技人才“三位一体”发展广西路径,将成为广西高质量发展的一把“金钥匙”，对于有力支撑新时代壮美广西建设，谱写中国式现代化广西篇章具有重大意义。因此，广西要遵循教育、科技、人才循环互促的内在逻辑，积极探索教育科技人才“三位一体”发展路径。

8.1 统筹广西教育科技人才“三位一体”发展的总体构想

8.1.1 指导思想

以习近平新时代中国特色社会主义思想为指导，全面贯彻落实党的二十大和二十届一中、二中、三中全会精神，以及习近平总书记关于广西工作论述的重要要求，深入实施科教兴桂战略、人才强桂战略、创新驱动发展战略，深刻把握教育是基础、科技是关键、人才是根本的内在逻辑，着力破解人才培养与科技创新供需不匹配、科技创新牵引教育改革成效不显著、教育科技人才一体贯通不顺畅等结构性矛盾问题，建立教育培养人才、人才支撑科技、科技引领教育的良性循环机制，为中国式现代化广西实践提供坚实支撑。

8.1.2 发展目标

到 2030 年，广西教育科技人才“三位一体”职能整合取得重大进展，教育、科技、人才循环通道基本畅通，创新链、产业链、资金链、人才链深度融合，支撑新质生产力快速发展，实现以下目标。

（1）科技创新水平指数在全国排位提升 2 位以上；组织实施重大科技项目 500 项，攻克重大技术 260 项，转化重大科技成果 200 项。建设全国重点实验室 1 ～ 2 家，国家级平台分支机构 3 ～ 5 家；自治区实验室 10 家、自治区重点实验室 28 家；自治区创新联合体 20 家、自治区中试基地 60 家、自治区临床医学中心 38 家。规模以上工业企业研发活动覆盖率提高至 30% 以上，规模以上工业企业全口径（区内外合计）研发经费投入强度达到 1.2% 以上，其中自治区本级国有工业企业研发经费投入强度达到 3% 以上。高新技术产业开发区工业总产值突破 12500 亿元，技术市场成交合同金额达到 1300 亿元。

（2）产教融合初具规模，到 2030 年，建设 2 ～ 3 个国家级市域产教联合体、10 个市域产教联合体、10 个行业产教联合体、10 个中国 - 东盟现代工匠学院、10 个中国 - 东盟技术创新学院；建强 63 个广西一流学科项目；支持建设 195 个国家级一流本科专业、348 个自治区级一流本科专业。

（3）科技人才集聚和服务产业发展能力持续增强，到 2030 年，引育院士 1 ～ 2 人，建设院士工作站 10 家以上，柔性引进院士创新团队 3 ～ 5 个，“国字号”人才数量达到 300 人，顶尖和领军人才（包括“国字号”和自治区级人才）达到 1500 人。全区专业技术人才新增 150 万人。

8.1.3 发展思路

按照国家统筹推进教育、科技、人才体制机制一体改革的部署要求，聚焦广西建设“一区两地一园一通道”的战略任务，坚持解放思想、创新求变，向海图强、开放发展，深入实施科教兴桂战略、人才强桂战略、创新驱动发展战略，统筹推进教育科技人才“三位一体”融合发展，创新链、产业链、资金链、人才链一体部署实施，提升“三位一体”贯通协同的契合度、现代化产业体系的支撑度、服务重大方略实施的贡献度，在加快推动教育、科技、人才产生裂变效应上创模式、出经验，着力将广西打造成为边疆民族地区重要创新策源地、粤港澳大湾区重要科创飞地、区域创新生态示范地、面向东盟的科技创新合作高地和人才聚集地，为奋力谱写中国式现代化广西篇章注入强劲动力。

8.1.4　推进路径

“三位一体”是教育、科技、人才高质量发展的内在要求，三者就像紧紧耦合在一起的齿轮，彼此带动，又相互传动。一体推进、一体改革并不是简单的“1+1+1”，而是要打破壁垒、有机整合，通过协同变革、全面改革发展新动能、开辟新赛道。推进教育科技人才“三位一体”改革协同聚力有如下三条路径。

1. 下好教育“先手棋”，充沛发展“源动能”

尽管教育、科技、人才工作的每个方面都要改革，但是教育的地位特殊、作用关键，改革也应更加主动。正如习近平总书记所说：“世界强国无一不是教育强国，教育始终是强国兴起的关键因素。”教育改革，应该是教育理念、体系、制度、内容、方法、手段、治理等各方面的全面改革，应该是大中小、职幼特各层次各类型的全面改革，基点在基础教育，龙头是高等教育。

广西应加快建设高质量教育体系，统筹推进育人方式、办学模式、管理体制、保障机制改革，推进教育强区建设。完善立德树人机制，推进大中小学思政课一体化改革创新，健全德智体美劳全面培养体系，提升教师教书育人能力，健全师德师风建设长效机制，深化教育评价改革。优化区域教育资源配置，建立同人口变化相协调的基本公共教育服务供给机制，完善义务教育优质均衡推进机制。加快“双一流”“双高计划”建设，建立以国家和区域战略需求、重大工程项目、科技项目为牵引的学科专业调整机制和人才培养模式。

2. 谋实科技“改革方”，牵引发展“加速度”

科技创新是发展新质生产力的核心要素，是维系新质生产力的主要力量，而与科技创新不相适应的体制机制，必然构成束缚新质生产力发展的因素。深化科技体制改革，能够与教育、人才领域的改革形成合力，不断打通束缚新质生产力发展的堵点卡点，促进各类先进生产要素向发展新质生产力集聚，推动技术革命性突破、生产要素创新性配置、产业深度转型升级，催生新产业、新模式、新动能。因此，广西应深化体制机制改革，统筹各类创新平台建设，完善区域科技创新布局，深化科技经费分配和管理使用机制改革。通过建立与科技创新内在规律相适应的体制机制，最大限度调动科研人员主观能动性，释放科技创新无限潜力。

3. 蹚出人才“引育路”，集聚发展“强磁场”

创新驱动本质上是人才驱动，人才成长离不开教育，人才为科技发展提供智力承载，科技推动教育实现现代化发展。推进教育科技人才“三位一体”发展，亟需一体协同抓引才、重培养、促改革，促进人才链各要素自由合理流动，通过要素流动的组合优化实现高质量人才发展供给。广西应进一步强化政策供给，健全人才激励机制，坚持向用人主体授权、为人才松绑，以科研成就和实际贡献为依据，建立以创新能力、质量、实效、贡献为导向的人才评价体系，持续开展“唯帽子”问题治理，纵深推进区域性人才集聚区和面向东盟的国际人才高地建设。

8.2 对策建议

教育、科技、人才是中国式现代化的基础性、战略性支撑，也是当前广西发展的短板。对标“构建支持全面创新体制机制”这一目标，当前广西在教育、科技、人才领域中还存在一些必须解决的现实问题。需要突破理念、体制、机制和治理能力的制约，打破常规，高位谋划，系统设计，整体推进。

8.2.1 上下联动增强凝聚力，构筑融合一体新格局

1. 建立教育科技人才一体化推进工作机制

教育、科技、人才综合改革，涉及部门多、覆盖领域广、推进难度大，必须增强“三位一体”改革的系统性、整体性和协同性，这要求各相关单位高效合作、各环节紧密衔接。只有推动改革协同共振、系统集成，牢固树立“一盘棋”思想，才能确保综合改革高效有序推进。①要建立宏观统筹协调机制，深化自治区与各市、部门与各市、产学研之间的协同创新功能，增强教育、科技、人才各类主体的协同创新能力。通过顶层设计将科教兴桂战略、人才强桂战略、创新驱动发展战略深入实施的组织体系、行动纲领、关键步骤、政策措施、主体抓手进行协调安排。②实施常态化协商机制，加强部门间共商共研、协作联动。建立政策措施统一审查机制，增强宏观政策取向一致性，推动形成需求一体牵引、资源一体打通、机制一体塑造、项目一体部署、平台一体打造的工作格局。③加快出台相关政策文件，推动教育、科技、人才的协同联动、系统集成、一体发展，实现教育链、创新链、人才链、产业链“四链”融合。从战略和全局的高度，研究制定“广西推进教育科技人才‘三位一体’发展实施方案”，明确干什么、怎么干、谁来干，确保各项目标任务落实落地。

2. 实施教育、科技、人才规划和资源统筹行动

①编制广西教育、科技、人才融合专项规划，纵横协同将教育科技人才“三位一体”要求落实到广西经济社会发展、区域发展、产业发展、城市建设和重大生产力布局中，统筹谋划教育、科技、人才发展政策措施、支持方式、实现途径和重大项目等。②研究制定“广西‘高校＋科研院所’合署改革试点方案”，选取当前在教育、科研及生产等方面均具有一定优势的林业、农业、海洋等2～3个重点领域作为试点，探索将广西林业科学研究院、广西生态工程职业技术学院进行合并，并与广西林业集团融合发展的管理机制，加快推进农业科研院所体制改革，通过“撤、并、转”等方式，优化农业科研院所布局。③构建动态精准的资源配置机制。

处理好部门、行业等复杂利益主体关系，通过要素流动的组合优化实现教育、科技、人才融合的平衡化、秩序化，促进教育、科技、人才要素高效配置，发挥政策链、创新链、资金链和产业链的协同力，构建融合发展的良性生态与新范式。

3. 探索建立教育、科技、人才一体化布局的枢纽平台

在平台总体设想方面，建议按照推动教育、科技、人才融合发展的总体思路和方向，加快教育、科技、人才一体化发展的平台布局，借鉴战略性新兴产业基地规划中构建“一个产业技术中心”的思路，通过“中心枢纽 + 多节点”的路径打造集人才综合服务、产教融合服务、科技创新服务功能于一体的母平台，形成资源聚合、开放合作的平台发展模式，助力广西高质量发展。在中心枢纽平台与各节点的相互配合下，打造广西高层次人才综合服务平台，作为教育、科技、人才一体化布局的“试验田”，待条件成熟后，与现有的产业技术服务中心合并，统筹各类研发机构、智库平台、人才驱动中心等，高起点构建产业技术创新体系、科技创新体系、教育培养改革体系、人才综合发展体系。在平台具体运营方面，一方面，加强平台功能建设。提升平台资源整合能力，服务战略性新兴产业企业的多重需求，推动企业技术需求、创新需求、研发项目需求、人才需求在同一个平台上孵化培育，形成更多产教融合成果。以基金等金融手段前置性支持创新创业和成果孵化，实现金融要素、人才要素、产业要素的充分对接。完善平台的对外服务体系建设，链接国内外高校、科研院所、创新型企业、高水平服务机构，为各节点提供统一的生产、研发、设计公共平台，开发研究中试验证平台等。另一方面，优化平台运营和管理机制。建立确保平台长期运营的资金持续投入机制、人才引进与发展机制、基金风险投资运作机制、管理保障机制等。实施法人治理和章程管理制度，在制度上打破传统管理模式中的种种束缚，包括以负面清单形式厘清改革创新的界限问题，赋予院长技术路线决策权、经费支配权、资源调动权和资产运营处置权等，为大胆改革创新者“解绑”。通过自主商议薪酬、自主聘用人员、自主设置研究所内部机构、自主使用专项经费等制度设计，充分保证平台的灵活性与竞争性，吸引更多高水平科研人员、教育人才、组织管理者进入平台。

4. 体系化布局教育、科技、人才融合发展的平台载体

①在空间集聚方面，依托专业园区落地空间的集聚特点，一站式提供企业所需的教育、科技、人才等要素资源，既能提升研发载体的吸引力和竞争力，还能在特定区域内开展教育、科技、人才融合发展的试点。在构建现代产业链新优势过程中，探索产业链“人才招引 + 项目引荐”同步进行的创新模式，充分发挥链主企业和龙头企业对上下游企业的带动作用，通过“以才荐才”“以企引企”等方式，将产业链制造端优势与产业链齐备优势转化为引才、育才、荐才的优势。在连片开发、低成本空间提供、金融扶持过程中，加快推动专业园区的建设和落地，通过专业园区平台引才引智、引团队引企业，通过专业园区的服务运营，推动教育、科技、人才协同发力。充分发挥广西国有企业的重要作用，推动国有企业开展专业园区的建设与运营，重点是平衡好国有企业经济效益与社会效益、短期效益与长期效益的关系，改变短周期评估机制，保证政策的系统性、持续性和稳定性，让国有企业在主导产业发展中有担当有作为，与政府共同肩负产业引导示范责任。②在创新共同体建设方面，依托专业园区载体建设运营，整合工业设计平台、知识产权平台、服务贸易平台、教育培训平台、产业创新发展研究智库等高端服务平台，汇聚研发机构、重点实验室、联合实验室等公共创新平台，提供小试、中试和概念论证的试验场景，提供实验设备共享服务、教育科技人才集成发展的政策服务等，实现教育、科技、人才的一体化布局。借鉴上海交通大学卓越工程师学院的做法，强化与在工程师培养和认证体系上有完整路线图的国家（如法国、德国）的交流与合作，通过专业园区载体推动校企合作职业资格认证与市场需求相结合，深化产教融合，推动职业教育与科技创新双向赋能。激发园区的成果转化中心、产业支援中心、生产力促进中心、智库联盟等创新联合体的积极性，为园区载体提供全方位的专业服务。

8.2.2　固本强基增强支撑力，塑造融合一体新优势

1. 加大财政投入支持力度

①持续加大财政投入支持力度，在生均财政拨款基本标准逐步提高的

基础上，做到两个“确保”，即确保高等教育财政一般公共预算教育经费逐年只增不减，确保生均一般公共预算教育经费逐年只增不减。②完善“生均定额 + 专项拨款 + 绩效奖补”的高等教育财政资金分配制度，缩小广西公办高等教育生均一般公共预算支出与全国平均水平的差距。③积极争取中央财政加大对广西高等教育的转移支付力度，以提高中央支持地方高校改革发展专项经费额度，帮助广西填补高等教育的经费缺口，为推进教育科技人才“三位一体”发展提供强有力的经费保障。④完善资金投入保障机制。优化财政支出结构，统筹配置科技投入、教育投入、人才培养和发展投入，全面落实教育投入两个“只增不减”，重点支持科教融汇、产教融合领域的创新举措。构建与科技创新相适应的科技金融体制，发挥政府和国资基金作用，加强财政金融协同服务科技创新，提升科技信贷服务效能，引导投资基金投早、投小、投长期、投硬科技。

2. 加强学科专业建设和统筹

①加强教育系统与行业部门的联动，加强人才需求预测、预警、培养、评价等方面的协同，健全学科专业调整与人才需求联动机制，建立健全人才预测、预警机制，及时向社会发布重点行业产业人才需求，对人才需求趋少的行业产业进行学科专业设置预警。②建立和实施高校专业招生计划与“双率”（专业入学率、毕业生就业率）挂钩机制，稳步压缩“双率”偏低专业的招生计划指标，逐步减少乃至取消产业振兴发展人才需求较为饱和专业的招生。③结合区域产业结构和发展需求，合理新增布局一批特色鲜明的职业院校和应用型本科院校。通过新建或高职高专升格、独立学院转设等形式，积极争取增设区域产业发展急需的应用型本科和职业本科高校，实现本科院校在设区市的全覆盖。

3. 开展基础研究分类布局

要强化对战略导向型基础研究、前沿探索型基础研究和市场导向型应用基础研究的组织化。探索新型举国体制模式在有组织的基础研究中的应用方式。针对产业化导向的基础研究，鼓励产业链“链主”企业组建大中小企业构成的融通创新生态、产学研生态等。要强化对研究型大学与科研机构自由探索类基础研究的资助强度，提高广西自然科学基金中“鼓励探索”类科学问题的资助比例，并鼓励相关企业与科研机构联合开展自由探索类基础研究。要优化基础学科建设布局，梳理并动态调整重点、新兴、冷门和薄弱学科的具体科目，强化对重点学科和新兴学科的支持力度，稳定对冷门、薄弱学科的资金支持，推动学科交叉融合和跨学科研究。

8.2.3　建强学科增强竞争力，开辟融合一体新赛道

1. 加大“双一流”建设力度

广西应争取国家知名高校的对口支援，加快一流大学、一流学科、一流专业建设。重点支持现有一流学科建设，分类建成一批在全国同层次、同类型高校中特色突出、水平一流的学校、学科。“双一流”建设要坚持“立足广西、服务广西，稳中求进、进中求特、特中求优、优中求强、强变一流”的建设思路；突出服务需求，紧密对接区域经济社会发展，突出一流学科建设对广西产业振兴、乡村振兴、科教振兴的支撑作用；强化绩效导向，在国内外同类学科中找到想要赶超的领先学科作为标杆，科学制定建设目标，加强绩效管理。

2. 开展建设高质量本科攻坚行动

加快推进一流本科专业和一流本科课程建设，实施新工科、新医科、新农科、新文科（以下简称“四新”）建设方案，成立“四新”教育研究中心，实施一批自治区级“四新”项目，以“四新”建设带动新时代本科教育创新发展。坚持把创新创业教育融入人才培养全过程，推进创新创业教育和思政教育、专业教育紧密结合，提升大学生创新创业能力和精神。

8.2.4　优势互补增强硬实力，创建融合一体新载体

1. 开展科教协同育人联合体试点建设

①采用自治区统筹和高校、科研院所自荐相结合的方式，依据学科门类或一级学科建设协同育人联合体，支持高校联合区内外科研院所，共建共享一批科研育人平台，以高水平导师队伍、高能级科研平台支撑高层次人才培养。②支持高校与科研院所联合培养研究生，共同研究制定培养方

案，探索分段式人才培养，做好“通识课＋专业基础课”课程教学与“专业方向课＋特色实践”有序衔接，推动研究生早进课题、早进实验室、早进科研团队，把论文写在科研与生产实践一线。③支持创新型领军企业、重大创新平台等牵头整合产业链上下游资源，共同组建高水平的创新联合体，推进创新链、产业链、资金链、人才链深度融合，探索关键核心技术攻关新模式。④支持广西与国内知名高校、科研院所和行业企业共建人才培养与科技创新合作体，推动科教资源跨区域优化组合、科技创新跨区域协同配合，探索破解区域协调发展难题的新路径。加强与“双一流”高校、“国字号”科研机构的深度战略合作，吸引其来桂设立分支机构，借力“国家队”资源推进地方经济社会发展和技术创新。

2. 实施教育链、产业链深度融合行动

鼓励缺乏高等教育资源的城市新建理工类本科高校，引导部分普通本科高校向应用型本科高校转型发展，鼓励独立学院转设为应用型本科高校。实施新型工科类大学建设计划，在南宁建设一所特色鲜明的高水平工科类本科院校，适应南宁产业发展及广西亿元产业的人才需求；实施高水平工科大学建设计划，充分发挥桂林等地高等工科教育的优势，将桂林电子科技大学、桂林理工大学列入首批建设的高水平工科大学，促进重点高校转型发展；采取“省市校企”共建模式重点建设一批现代产业学院，争取3年内再催生4～5所教育部认定的现代产业学院。

3. 加快产业共性技术创新联合体建设

聚焦重大产业场景，瞄准产业关键核心技术“卡脖子”问题突破，加快构建龙头企业牵头、高校院所支撑、各创新主体相互协同的创新联合体，联合申报广西科技计划项目，共同承担科技项目。支持广西有条件的企业与长江沿线创新型领军企业联合行业上下游企业组建创新联合体。制定和完善有关联合创新的利益分配、产权归属、知识产权保护等方面的指导性意见，鼓励创新主体之间超越单一的经济利益和成果共享，走向广泛、深度的知识共享、经验共享与能力共享。完善科技金融政策，发挥政府财政引导基金作用，吸引产业基金、创投基金等金融资本多元化支持创新联合体开展科技攻关任务。

4. 组建市域和行业产教融合共同体

以广西支柱产业、优势特色产业和战略性新兴产业需求为导向，支持高校与行业企业共同建设自治区级产业学院，注重在本科院校发挥“工程、技术类专业应用型人才培养与特定行业重大技术攻关”的先导功能，在高职院校着重发挥“特定行业技术、技能应用型人才培养与特定行业产业链环节技术攻关”的带动作用。打造 10 个市域产教联合体，组建十大行业产教融合共同体，汇聚校、政、行、企、研等多元共建主体力量共同服务产业发展。

5. 促进科技成果转化落地

建立和完善原始创新、概念验证、中试熟化、转移转化、孵化加速、应用示范的全链条成果产业化体系。扩面提质以“用”为导向的科技创新供应链平台，推动创新要素高效配置、供需精准对接。深化职务科技成果赋权改革，赋予科研人员职务成果所有权或不低于 10 年的长期使用权。试点资产单列管理制度，支持高校、科研院所按照先使用后付费方式把科技成果许可给中小微企业使用，推动科技人员在科技成果转化收益分配上有更大自主权。支持高校、科研院所、企业加快建设一批概念验证中心，优化整合支持大学生创新创业配套政策。布局建设一批专业化技术转移转化机构，加强技术经理人队伍建设。

8.2.5　人才强桂增强驱动力，激发融合一体新动能

1. 实施战略人才力量集聚提质行动

①全面整合全区国有人力资源企业、创业园、技术成果转化企业的资源，探索以混合所有制的模式，高规格成立广西人才集团。②健全完善职称评审绿色通道，明确在科研事业单位专业技术岗位工作、取得高级专业技术职称资格、由于高级专业技术岗位数额限制未聘用到相应岗位等级的，允许所在单位先给予聘任后再调整岗位设置方案或逐步自然消化。③围绕“高精尖缺”这一现实要求，聚焦产业升级关键点、未来产业生长点，大力实施人才“沿链”集聚行动，着力打造“创新型企业家 + 领军人才 + 青

年科技人才＋高技能人才”产业创新人才队伍，推动产业和人才深度融合，加快形成与新质生产力发展需求相适应的人才结构。④完善人才流动机制，打通高校、科研院所和企业人才交流通道，优化实施专业人才智汇基层活动，推广实施“科技副总”“产业教授”项目，破除企业家和工程师进学校、进课堂的职称、编制等“身份门禁”，让更多来自产业一线的卓越工程师、能工巧匠等共同参与人才培养。

2. 建立和发展不同类型的人才中心

发挥不同城市集群的特有优势，建立和发展不同类型的人才中心，实现人才强桂战略纵深推进。①加快布局人才基地。以南宁为中心，联动钦州、北海、防城港、崇左、百色5市，培养大批服务国家“一带一路”建设和面向东盟的人才，建成面向东盟的国际区域性人才中心，助力中国与东盟战略对接与合作。以西江流域为主线，将柳州、来宾、贵港和梧州串联起来，利用西江黄金水道千年航运业优势和沿江工业优势，建设现代制造业实用型人才中心，培养更多卓越工程师、大国工匠、高技能人才。②强化人才全生命周期的数据监测和共享，构建人才培养质量监控体系。充分运用大数据和人工智能技术，建立面向“产、科、教”协同育人效果评估的海量多元异构数据平台，实时监控、精确追踪人才培养、使用、流动等关键环节的最新情况。整合并打通高校、科研机构和企业间的人才数据壁垒，定期发布人才需求信息、科研成果和产业动态，促进人才、知识和技术的高效对接。

3. 构建分类实施的人才评价体系

人才评价是风向标，在一定程度上决定着教育、科技、人才事业的发展方向，是三者良性循环的重要牵引力。面向未来，在坚持方法论创新、理论创新、认识和实践相结合的基础上，要着力构建符合不同类型科研活动特点的评价指标和体系，创新评价方式和评价机制。①针对基础研究与源头创新，侧重解决“卡脖子”技术和复杂工程问题，形成长效的人才竞争机制。②针对产业技术创新，侧重推动科技成果转移转化，形成能落地的市场检验机制。③在科技计划项目管理、基地建设、科研机构评估、“双一流”大学建设、学科评估、国家科学技术奖励评审、院士增选等工作中，加强政策衔接，形成系统化、一致性的评价导向，构建科学、规范、高效、诚信的科技评价体系。④推进过程评价和增值评价相结合、定量评价和定性评价相结合、第三方评价和国际评价相结合的综合评价体系建设，使得评价体系与科技人员的实际贡献相统一。

4. 扩大评价专家类别和专家库

以往根据各级部门的管理要求，专家库往往由高校和科研院所中拥有高级职称的人员组成，建议将评价专家范围扩大至企业管理咨询机构、投资机构、创新型企业等的高管、优秀企业家、管理咨询专家等。如有创业经历的企业家对创新创业人才和项目的价值更有评判能力、有投资经验的专家对科研项目和承担主体的未来发展更有预见能力、有大型企业工作经历的企业高管和优秀企业家作为行业用户和服务对象对科技项目转化程度和客户要求更有体会，对于企业真正需要的人才特质更有发言权，遴选出的项目实用性、可行性更强。

5. 深化激励制度改革

健全的激励制度可以有效驱动教育、科技、人才良性循环，是大幅度提升全要素生产率的重要手段。广西应健全要素参与收入分配机制，激发劳动、知识、技术、管理、资本和数据等生产要素活力。①深化高校薪酬制度改革，坚持岗位薪酬与绩效奖励相结合，建立与高质量教育体系和高质量科研体系相匹配的薪酬制度，建立与经济发展水平和科技人才劳动价值相匹配的工资增长机制，打破简单以学术头衔、人才称号等确定薪酬待遇与学术资源配置，充分体现对知识和人才的尊重，提高广大教师潜心教书育人的内生动力。②深化科研院所收入分配改革，扩大工资分配自主权，健全绩效工资分配机制，避免科研人员为追求高绩效，工作行为趋向短视化和功利化，允许一些基础性研究工作短期内不考核成果转化，并依据学科特点延长科研考核周期，合理平衡个人和团队激励，引导团队成员长期精诚合作。③指导各高校修订完善高校教师职称评审标准，突出教育教学业绩，探索建立科研代表作评价机制，提高人才评价的科学性、准确性。④完善科技奖励机制，坚持公正性和荣誉性。控制奖励数量，提高奖励质量，重点奖励那些对科技创新有重大贡献的个人或团队。

6. 加快培养青年科技人才

设立青年拔尖人才成长专项,完善青年科技人才发现、选拔、培养机制。实施青年科技人才托举行动,提高青年科技人才担任重要岗位、重大平台、重大项目负责人的比例,支持高校、科研院所设定特色岗位特聘青年科学家,鼓励青年科技人才跨学科、跨领域组建团队承担颠覆性技术创新任务,不受限项限制。探索实行优秀青年科技人才举荐制,建立稳定支持“白名单”制度。实施“才聚八桂”工程,探索构建支持博士生、博士后等潜在和早期科研人员科研活动的项目资助体系,储备更多科技创新生力军。

第 9 章

广西产业、教育、智库“三位一体”融合平台构建策略与建议

推进产业、教育、智库“三位一体”融合发展是贯彻落实党的二十大精神的重要举措和必然要求。实现高质量发展，必须统筹教育、科技和人才工作，也需要通过构建产业、教育、智库“三位一体”融合平台等方式，持续推进产业、教育和智库统筹融合和良性互动。为助力广西产业、教育、智库“三位一体”融合平台的构建，本章就平台建设的背景与意义、平台建设的总体要求和目标、平台主要建设内容和主要功能模块及平台建设组织保障提出策略和建议。

9.1 平台建设的背景与意义

2022 年，教育部与广西壮族自治区举行部区战略合作第一次会商会议，明确提出要构建产业、教育、智库“三位一体”融合平台。2023 年 4 月，教育部与广西壮族自治区人民政府印发《推动产教集聚融合打造面向东盟的职业教育开放合作创新高地实施方案》，明确提出要“构建产业、教育、智库‘三位一体’融合平台”“打造面向东盟的职业教育开放合作创新高地”。由此可见，构建产业、教育、智库“三位一体”融合平台是贯彻落实党的二十大关于一体推进教育、科技、人才工作的重要举措，也是新时期深化部区战略合作、推进广西教育高质量发展的重要内容。平台的构建有利于

统筹谋划和协调推进产业、教育、智库工作，实现产业振兴、教育振兴、智库振兴的三轨并行和同向发力，对于广西建设中国 - 东盟教育开放合作试验区，打造边境地区教育示范带具有重要意义。

9.2　平台建设的总体要求和目标

坚持前瞻性、统筹性，开发建设广西产业、教育、智库“三位一体”融合平台（图 9-1）。聚焦平台的功能定位，以支撑经济社会高质量发展需求为导向，做好长远和整体规划，科学推进平台建设布局，着力构建“大平台、大数据、大系统”，实现产业、教育、智库规划统筹、相关资源统筹，形成产业、教育和智库统筹融合、良性互动的发展新格局。

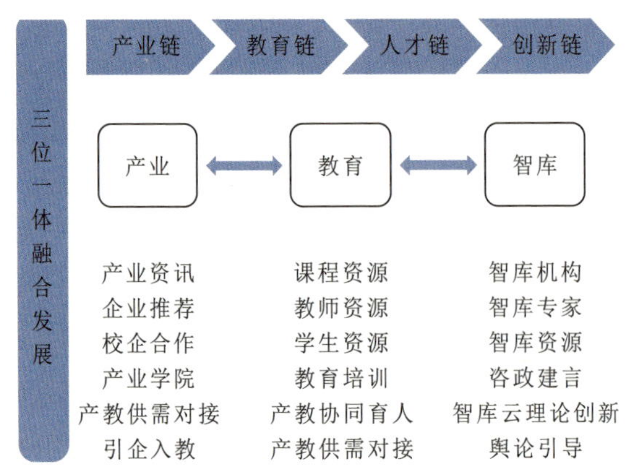

图 9-1　广西产业、教育、智库“三位一体”融合平台

9.3　平台主要建设内容和主要功能模块

围绕产业创新发展需求，对各类产业、教育、智库等资源进行整合，开发出资源搜索、系统监测、分析和服务等功能模块，实现产业、教育、智库规划统筹、相关资源统筹，提升产业、教育、智库等资源的利用水平。

9.3.1　构建数据标引规范及数据分析模型

为确保平台数据的可靠性、系统性、完整性、兼容性，真正意义上实现数据共享，发挥科技、教育数据在区域与产业创新发展中的作用，研究制定优势产业标引规范、所属区域标引规范、所属产业园区标引规范、科技政策高频 / 关键词标引规范等。同时，为实现区域与产业创新预警，探索系列数据分析模型。

9.3.2　软硬件基础设施建设

① ETL（extract-transform-load，提取 - 转换 - 加载）数据处理平台，基于数据的提取、清洗、转换和加载过程构建全面的服务组件和 ETL 可视化管理功能，通过可视化配置即可完成数据从源到目标的管理过程。主要包括将不同业务系统的源数据提取到本数据平台，并对数据进行清洗、转换和加载，满足平台使用需求。②数据管控平台，包括实现元数据标引功能，实现对数据处理过程的统一管控，实现作业任务管理，实现数据质量控制的全面性、可控性、可度量性、可迅速定位和有效解决，实现设备、平台、业务层面全方位的监控。

9.3.3　安全保障体系

通过部署防火墙等访问控制设备、入侵检测系统（intrusion detection system，IDS）等防入侵设备和专门的安全审计设备等，对硬件设备及部件采取适当的安全措施，使信息系统得到严密保护；制定安全保障标准，严格执行操作规程，降低或阻止人为或自然因素对信息系统的保密性、完整性、可用性造成的威胁。

9.3.4　建设基础数据库

根据平台建设的需要，分期逐步建设完善产业资讯数据库、优势产业链数据库、产业学院数据库、高校学科数据库、课程资源数据库、师资和学生资源数据库、产业政策数据库、智库机构信息数据库等产业、教育、智库相关的数据库。

9.3.5 主要功能模块

根据平台建设的需要，分期逐步开发数据统计分析、信息供需对接和数据检索等功能模块。根据前期数据库信息，自动形成各个产业的企业信息、人才信息、项目信息、成果信息、创新政策信息、高校学科信息等方面的详细列表信息及统计汇总信息；对广西全区特色新型智库联盟成员智库报告及其他智库机构提交的智库报告进行全面梳理，提供报告搜索、查询功能；通过构建分类导航检索、关键字检索等多种检索方式，支持分词检索、多条件检索、主题检索及全文检索，并支持输入关键字提示智能搜索选择，支持用户对科技资源相关的检索结果进行详细信息的查看。

9.4 平台建设组织保障

加强对平台机构建设工作的领导，由广西壮族自治区教育厅等部门牵头成立平台机构建设工作领导小组，负责指导、制定和推进广西产业、教育、智库“三位一体”融合平台建设的相关政策，协调解决平台建设过程中出现的问题。制定平台建设权责清单和持续路线图，形成分类确权的纵向职责体系，平台建设各单位、各部门把责任分解到具体领导、具体岗位、具体人员，推进平台建设各项工作任务落地、落实、落细。同时，各单位、各部门之间要进一步加强沟通交流、密切协调配合，建立跨单位、跨部门的协作联动工作机制，合力推动平台建设。

第 10 章

推进广西产业、教育、智库“三位一体”融合发展的对策建议

10.1 发展思路、目标和路径

10.1.1 发展思路

按照国家一体推进教育、科技、人才工作的部署要求，紧密结合广西实际，以推动产业、教育、智库融合发展为主线，统筹产业、教育、智库改革部署工作，“三位一体”推进产业、教育、智库融合发展战略，统筹配置项目、平台、人才、资金等资源，通过协同配合、系统集成，促进教育链、人才链与产业链、创新链有机衔接，实现产业、教育、智库规划统筹、相关资源统筹，建成立足广西、面向东盟、服务共建“一带一路”的职业教育对外开放合作创新高地，为加快建设新时代壮美广西提供强有力支撑。

10.1.2 发展目标

统筹推进产业、教育、智库领域改革，强化三者之间的有机联系和协同配合，力争用 3 ～ 5 年时间，实现产业、教育、智库规划统筹、相关资源统筹，建成广西产业、教育、智库“三位一体”融合平台，促进“产业 + 教育 + 智库”集聚融合，形成产业、教育和智库统筹融合、良性互动的发展新格局。

（1）产教融合发展领域。支持高校与行业企业共建一批产业学院，建设培育一批自治区级产教融合试点城市、产教融合型行业和具有示范引领作用的产教融合型企业、产教融合型高校、产教融合型科研院所，打造10个市域产教联合体，组建10个行业产教融合共同体，搭建中国-东盟产教融合数字化平台，推动形成以城市为节点、行业为支点、企业为重点、学校和科研院所为基点的产教城融合发展新格局。

（2）产业智库融合发展领域。按照产业属性、技术领域、行业特点开展智库分类建设，聚焦绿色化工新材料、电子信息、机械装备制造、汽车、高端金属新材料、精品碳酸钙、高端绿色家居、生物医药、轻工纺织、现代农业等领域，建设广西特色新型产业智库9个以上，推动智库向专业化、产业化方向发展，逐步实现智库布局对广西产业体系的全覆盖。

（3）教育智库融合发展领域。支持高校建设面向区域产业发展需要的新型智库6家以上，培育一批面向广西重大战略实施和产业发展需求的特色新型智库。依托大学和教育机构建设一批专业智库，建成产业与教育研究智库6个，建设中国-东盟产业教育发展智库，形成全面覆盖机械、汽车、建材、石化化工、有色金属、冶金、轻工、食品加工等传统产业和新一代信息技术、新能源汽车、高端装备制造、生物医药、新材料、绿色环保等战略性新兴产业的产业发展战略与政策研究支撑网络。

具体策略是分两个阶段来实现上述发展目标。

（1）第一阶段（2025～2030年）。到“十五五”末期，广西高等教育与产业资源的合理布局基本形成，基本构建起紧密对接产业链、创新链的一流学科专业体系，支撑产学研用深度融合的新型载体和体制机制框架基本形成，产业人才特色化、差异化培养力度和实效显著提升，广西高等教育服务产业振兴的能力迈上新台阶。在产教融合发展领域，打造3个市域产教联合体，组建3个行业产教融合共同体；在产业智库融合发展领域，建设广西特色新型产业智库4个以上；在教育智库融合发展领域，依托大学和教育机构建设产业与教育研究智库3个。

（2）第二阶段（2031～2035年）。到2035年，广西高等教育与产业资源的合理布局全面形成，紧密对接产业链、创新链的一流学科专业体系全面构建并持续提质升级，促进产学研用深度融合的新型载体和体制机制健全完善，支撑产业振兴的人才数量和质量大幅提升，广西高等教育服务产业振兴的水平大幅提升，成为教育高质量发展的鲜明标志。在产教融合发展领域，打造 7 个市域产教联合体，组建 7 个行业产教融合共同体，搭建中国 - 东盟产教融合数字化平台；在产业智库融合发展领域，建设广西特色新型产业智库 5 个以上；在教育智库发展领域，依托大学和教育机构建设产业与教育研究智库 3 个，支持高校建设面向区域产业发展需要的新型智库 6 家以上。

10.1.3　发展路径

聚焦广西“产业不够兴、教育不够旺、智库不够强”的现实困境，通过明晰“产业牵引、教育先行、智库支撑”的发展路径有效解决产业、教育、智库融合发展存在的痛点、堵点、难点问题，形成三者集聚融合、良性互动的发展新格局。

（1）产业牵引：聚焦重点优势产业需求，建设产教融合新型载体。引导高校以服务产业振兴为己任，结合各高校主要示范性现代产业学院所属行业及学科专业优势，支持各院校各展所长、错位发展，合理规划重点服务的产业细分领域，集中资源在特定细分领域潜心耕耘，深入推进示范性现代产业学院建设，为教育更好地服务产业振兴打开新的突破口。广西高校重点服务的产业建议见表 10-1。

表 10-1　广西高校重点服务的产业建议

产业类型	所属主要行业	依托高校办学层次	主要示范性现代产业学院	重点服务的产业建议
传统主导产业	制糖	本科院校	广西大学甘蔗与制糖产业学院	三次产业融合、绿色食品
	有色金属	本科院校	桂林理工大学广西有色金属新材料创新发展现代产业学院、百色学院生态铝产业学院	高性能新型有色金属合金材料、特种高端铝合金材料、生态型铝
	机械	本科院校	广西大学亚热带智能农机装备产业学院	高端特色农业机械
	汽车	本科院校	广西科技师范学院上汽通用五菱汽车产业学院、桂林航天工业学院汽车后市场产业学院	汽车（后市场）服务
	冶金	高职院校	广西现代职业技术学院、广西盛隆钢铁产业学院	冶金新材料

续表

产业类型	所属主要行业	依托高校办学层次	主要示范性现代产业学院	重点服务的产业建议
传统主导产业	建材	本科院校	桂林理工大学先进建材与智慧制造现代产业学院、北部湾大学北部湾陶瓷现代产业学院、贺州学院碳酸钙产业学院	高端新型建材、精品碳酸钙
	石化化工	本科院校	广西民族大学现代化工产业学院	绿色高端石化、绿色化工新材料
	林木	本科院校	广西民族师范学院桂西南高端家居设计产业学院	绿色家居、现代家具、定制家具、红木仿古家具、家具设计
		高职院校	广西生态工程职业技术学院现代林业产业学院、广西城市职业大学广西红木产业学院	
战略性新兴产业	新一代信息技术	本科院校	广西民族大学智能信息技术现代产业学院、南宁师范大学大数据与人工智能产业学院	基于大数据、云计算、物联网、区块链的信息技术及其数字产业链供应链应用
		高职院校	广西职业技术学院怡亚通数字供应链产业学院、广西国际商务职业技术学院跨境电商产业学院及大数据产业学院、广西工业职业技术学院新一代信息技术产业学院、广西工商职业技术学院智慧供应链产业学院	
	智能及新能源汽车	本科院校	广西科技大学智能车辆（制造）与新能源汽车产业学院	小微型纯电动汽车、纯电动中高端运动型多用途乘用车、混合动力汽车、智能网联汽车
		高职院校	广西交通职业技术学院智能汽车产业学院	
	高端装备制造	本科院校	北部湾大学船舶与海洋工程装备现代产业学院	船舶与海洋工程装备、轨道交通装备
		高职院校	柳州铁道职业技术学院高铁产业学院	
	新材料	本科院校	桂林电子科技大学先进电子信息材料产业学院、广西科技大学微电子与先进材料产业学院、玉林师范学院先进材料制造产业学院	高端金属新材料、绿色化工新材料
	绿色环保	本科院校	桂林理工大学生态环保现代产业学院、广西艺术学院智慧·人居环境设计现代产业学院	资源高效循环利用及设计服务、新能源及绿色低碳发展
		高职院校	广西电力职业技术学院新能源产业学院、广西水利电力职业技术学院百越电力产业学院	

续表

产业类型	所属主要行业	依托高校办学层次	主要示范性现代产业学院	重点服务的产业建议
战略性新兴产业	生物医药	本科院校	广西医科大学现代医药产业学院、广西民族大学现代生物产业学院、广西中医药大学海洋药用资源开发利用现代产业学院、桂林医学院生物医药产业学院	中医药壮瑶医药、中高端特色原料药、小品种原料药、化学药制剂新药、生物工程
未来产业	大健康产业	本科院校	广西师范大学文创旅游现代产业学院、桂林理工大学文化旅游产业学院、广西中医药大学重阳康复养老现代产业学院、百色学院亚热带特色农业产业学院、贺州学院康养旅游现代产业学院、右江民族医学院生物医药与大健康现代产业学院、南宁学院食品质量与安全现代产业学院	健康医疗、健康养老、健康旅游、健康医药、健康运动、健康食品
		高职院校	柳州职业技术学院柳州螺蛳粉产业学院、广西农业职业技术大学金穗产业学院、广西体育高等专科学校体育健康产业学院	
	大信息产业	本科院校	广西师范大学电子信息现代产业学院、桂林电子科技大学中国 - 东盟集成电路现代产业学院及现代软件产业学院、南宁师范大学自然资源数字产业学院、广西财经学院中国 - 东盟数字经济学院及数智财会产业学院	智能终端、网络通信设备、声学光学电子元器件、先进半导体、人工智能、知识密集型服务业（软件及信息服务业、数字化商务服务业等）
		高职院校	南宁职业技术学院 ICT 产业学院、柳州铁道职业技术学院 ICT 产业学院、广西职业技术学院人工智能产业学院、广西建设职业技术学院智能建造产业学院及智慧安装产业学院、广西金融职业技术学院财务共享产业学院、广西经贸职业技术学院智慧商务产业学院	
	先进制造业	本科院校	桂林电子科技大学智能制造现代产业学院	5G+ 智能制造、大规模客户化定制、智能装备制造
		高职院校	柳州职业技术学院智能制造产业学院、广西工业职业技术学院智能制造产业学院、广西机电职业技术学院智能制造产业学院	

（2）教育先行：对接产业需求，打造广西特色学科专业体系。围绕做

强制糖、有色金属、机械、汽车、冶金、建材、石化化工、林木等传统优势主导产业，做大新一代信息技术、智能及新能源汽车、高端装备制造、新材料、绿色环保、生物医药等战略性新兴产业，超前布局大健康产业、大信息产业、先进制造业、新型储能产业、元宇宙产业等未来产业三大目标，不断深化教育改革，坚持“做强一批、做大一批、增设一批”的优化准则，优化调整学科专业结构体系，巩固做强已有一流学科专业，改造传统专业，增设未来专业，形成满足产业发展需求的学科专业体系和专业群，提高学科专业布点设置与产业振兴发展的契合度和精准度。

（3）智库支撑：协同教育与产业发展，建设产教发展智库。聚焦广西多数智库在产教融合中更多扮演服务性角色的问题，深挖智库与产业、教育的内在关联与契合点，推动智库与教育和产业从协调发展向融合发展转型升级。支持广西科学院、广西社会科学院等院所智库加快建设中国 - 东盟产业和技术研究智库联盟。支持广西大学等高校智库建设产业与教育发展战略研究智库。支持南宁师范大学加快建设中国 - 东盟职业教育发展研究智库。支持研究智库与产业园区深度合作，建立信息与资源共享机制，完善智库之间交流合作的机制、载体，增强研究智库服务效能。

10.2 对策建议

10.2.1 编制融合发展规划和专项政策

构建支撑和保障广西产业、教育、智库“三位一体”融合发展的政策体系，着力解决缺乏政策指引和主管部门工作合力不足等问题，强化对三者融合发展的政策引领和组织保障。①编制广西产业、教育和智库融合专项行动计划。聚焦广西产业、教育和智库工作部门缺乏统一的发展规划目标、业务沟通联系不够密切、配合协作不到位等问题，科学制定广西产业、教育、智库“三位一体”融合发展行动方案，把产业、教育、智库深度融合作为推动教育、科技、人才工作的关键举措和重要动力，将三者融合发展相关要求落实到全区经济社会发展规划以及各领域的专项规划中，形成推进产业、教育、智库“三位一体”融合发展的合力。②出台配套支持政策和综合改革措施。贯彻落实国家和自治区有关部署，结合全区实际出台产业、教育、智库“三位一体”融合发展的配套支持政策和综合改革措施，着力推动各级政府将产业、教育、智库“三位一体”融合发展纳入重要议事议程；推进三者融合与经济转型升级各个环节相衔接，与产业集聚发展、园区建设等同谋划、同推进、同落实，与职业学校建设布局相衔接，逐步实现产业、教育、智库发展政策措施、支持方式、实现途径和重大项目等同步规划和统筹安排。

10.2.2　实施产业、教育、智库“三位一体”融合发展工程

充分发挥市场主导力量，遴选打造一批自治区级产业、教育、智库“三位一体”融合发展示范项目，并争取纳入国家产教融合发展工程项目，获得国家层面的支持，着力解决产业、教育、智库融合发展的深度不够、层次不高等问题。①试点推进实施高校与院所融合发展工程。从自治区层面研究制定“广西‘高校＋科研院所’合署改革试点方案”，以试点推进的方式探索广西“高校＋科研院所”融合发展机制，选取农业、医学、海洋等重点领域的高校与科研院所进行整合，经资源重组和互补后组建新的大学，实现“1+1>2”的改革倍增效应。深化林业教育、科技体制改革，整合广西涉林的高校和科研院所资源，打造全国一流林科院所；加强广西医学科学院建设，提升广西医学科学院的科技创新能力、解决临床疑难重症的技术和能力，推动解决居民跨省异地看病就医问题。②推进教育与智库融合发展工程。加强高校智库建设，鼓励和支持高校建设面向区域产业发展需要的新型智库，以广西高校现有高水平研究院和研究机构为基础，按照产业属性、技术领域、行业特点开展智库分类建设，培育一批面向广西重大战略实施和产业发展需求的特色新型智库。鼓励和支持高校结合本校特色组建行业智库，形成全面覆盖机械、汽车、建材、石化化工、有色金属、冶金、轻工、食品加工等传统产业和战略性新兴产业的产业发展战略与政策研究支撑网络。③大力推进产教融合发展工程。支持高校与行业企业共建一批产业学院，借鉴国家产教融合建设试点经验，稳步推进柳州市国家产教融合试点城市建设，形成全区可推广的产教融合城市建设经验。

10.2.3 统筹推进产业、教育、智库领域综合改革

聚焦广西产业、教育、智库协同发展基础较弱，尤其是产业不兴、教育不旺、智库不强等关键问题，统筹推进广西产业、教育、智库“三位一体”融合发展改革部署工作，以改革来激发活力、增强动力。①以一体化的思维加快推进机构改革。按照新形势下统筹产业、教育、智库“三位一体”融合的趋势和理念，加快推进广西科技、教育、人力资源和社会保障、工业和信息化、农业农村等机构改革，做好科技与发改、生态环境、卫生健康、人力资源和社会保障、工业和信息化、农业农村、教育等相关职能部门的调整。充分发挥广西壮族自治区党委科技工作委员会作用，构建新的职能体系，积极稳妥推进转隶工作、精心起草“三定”规定草案、抓好干部调整安排，确保机构改革目标任务落实见效。②加强新时代教育评价改革。加强教育评价改革试点项目“双线管理”，持续推进新时代教育评价改革第一批高等学校试点项目建设。深入推进高考综合改革，完善普通初级中学和普通高级中学的学业水平考试制度。深入推动教育督导体制机制改革各项政策制度有效落实，推进市县两级加强教育质量监测机构设置和人员配备。持续实施民办学校分类管理改革，引导民办学校科学定位，推动分类发展、特色发展、优质发展。③推进现代化特色新型智库改革。聚焦产业、教育、智库“三位一体”融合发展的现实需求，加快完善广西特色新型智库建设制度体系，进一步修订完善《广西特色新型智库联盟课题管理办法》《广西特色新型智库联盟课题经费使用管理办法》等内部管理制度，进一步规范运行体制机制，确保各项工作科学合理、有章可循。逐步规范智库联盟成员单位工作，推动智库联盟由“量”向“质”转变。提升高端智库现代化建设能力，强化智库咨政建言、理论创新、文化传播等功能，在积极服务建设中国 - 东盟命运共同体、铸牢中华民族共同体意识、推进乡村振兴及生态环保等研究领域，培育一批具有广西特色的专业化高端智库。

10.2.4 构建广西产业、教育、智库“三位一体”融合平台

构建产业、教育、智库“三位一体”融合平台，形成全面覆盖行业、

产业发展战略与政策研究的支撑网络，着力解决广西产业、教育、智库融合发展中存在的融通不紧密、层次不高等问题。①抓紧出台平台建设方案。坚持高规格、高标准制定和完善广西产业、教育、智库“三位一体”融合平台建设方案，聚焦平台的功能定位，以支撑经济社会高质量发展需求为导向，做好长远和整体规划，科学推进平台建设布局，着力构建“大平台、大数据、大系统”，争取实现产业、教育、智库规划统筹、相关资源统筹。②健全平台组织机构。成立以教育、工信、智库等相关部门负责人为成员的平台建设工作领导小组，负责指导、制定和推进广西产业、教育、智库“三位一体”融合平台建设的相关政策，协调解决平台建设过程中出现的问题。制定平台建设权责清单和持续路线图，形成分类确权的纵向职责体系，推进平台建设各项工作任务落地、落实、落细。建立跨单位、跨部门的协作联动工作机制，合力推动平台建设。③拓展建设面向东盟的数字化教育平台。持续推动中国 - 东盟职业教育云平台建设，以本地职业学校为主体，联合落地东盟的企业，共同建设具有区域和民族特色的“中文 + 职业技能”项目资源库、“东盟国家语种 +”优质课程、优质教材、培训资源包；搭建中国 - 东盟产教融合数字化云平台，畅通中国与东盟产教融合、科教融汇交流渠道，高质量地推动中国 - 东盟产教融合和产能合作数字化升级。④打造国际化智库交流平台。定期发布中国 - 东盟发展报告，组织区内高端智库联合东盟国家智库开展国别研究，推动中国 - 东盟交流合作。深化广西面向东盟的高端智库交流，参与承办中国 - 东盟智库战略对话论坛，加快建设面向东盟的“数字丝绸之路”智库联盟，推动中国 - 东盟开展多领域、多层次的人文交流，逐步探索智库与产业园区深度合作模式，提高智库服务产业、培养人才的效能。

10.2.5　开展产业、教育、智库“三位一体”融合载体试点建设

支持若干具有较强代表性、影响力和改革意愿的城市和行业开展产业、教育、智库“三位一体”融合载体试点建设，着力解决广西产业、教育、智库融合发展中出现的专业人才缺乏和产教融合不紧密等问题。①开展科教融合协同育人联合体试点建设。支持部分高校结合人才培养和产业发展需要，联合区内外科研院所，依据学科门类或一级学科建设科教融合协同

育人联合体，充分发挥科研院所平台、人才、资源优势，打造校所一体化培养体系，与高校共同研究制定培养方案，探索分段式人才培养，推动研究生早进实验室、早进科研团队，形成科教融合协同育人合力。②开展产教融合试点建设。统筹安排产教融合改革试点和资源配置，完善产教融合发展机制和资源布局，建设培育一批自治区级产教融合试点城市、产教融合型行业和具有示范引领作用的产教融合型企业、产教融合型高校、产教融合型科研院所，打造以城市为节点、行业为支点、企业为重点、学校和科研院所为基点的产教城融合发展新格局。③开展自治区级创新团队试点建设。消除传统的以项目选团队致使团队研究方向不能持续的弊端，参照外省先遴选认定团队并给予长期连续稳定支持的方式，出台广西创新团队认定管理办法，探索自治区级创新团队试点建设，支持引导高校、科研院所和企业根据产业链、创新链组建由首席科学家领衔的、研究人员相对稳定的科研团队，设置产业关键技术研发项目开展联合攻关，做到稳定连续可预期。

10.2.6 发挥企业等社会力量主体作用

重视市场主导力量在推进产业、教育、智库“三位一体”融合中的重要作用，通过探索建立以企业为主导的产教融合新机制和实施国有企业改革深化提升行动等，强化企业在推进产业、教育、智库“三位一体”融合中的主体作用。①探索建立以企业为主导的产教融合新机制。健全以企业为重要主导、高校为重要支撑、产业关键核心技术攻关为中心任务的高等教育产教融合创新机制。对标国家产教融合型企业，将建设产教融合型企业纳入广西深化产教融合改革的整体制度安排，做好自治区产教融合型企业建设的政策支持和推进实施工作。②发挥国有企业在产教融合发展中的引领作用。实施国有企业改革深化提升行动，编制区直企业战略性新兴产业发展规划和区直企业传统优势产业转型升级方案等，引导国有企业从技术供给和需求牵引双向发力，重点瞄准“卡脖子”技术，打造原创技术“策源地”，支持国有企业勇当链主企业，在固链、补链、强链、塑链中发挥重要作用，抢占现代产业体系制高点，发挥国有企业在产教融合发展中的示范引领作用。③支持企业探索离岸创新合作新模式。鼓励支持行业内龙头企业建立创新联合体和海外研发中心等，为大健康、大数据、大物流等产业发展提供科技创新资源支持。积极对接东盟国家科技创新合作的发展需求,加快建设一批“科创飞地”“人才飞地”“离岸孵化器”等合作载体，推动形成具有多种技术转移服务的离岸创新合作新模式。

10.2.7　构建教育布局与产业发展布局对接体系

按照区域发展总体规划和主体功能区规划要求,调整院校和智库布局，形成与全区产业发展相适应的对接机制，着力解决广西产业、教育、智库融合发展中出现的产业不兴和产教融合不紧密等问题。①补南宁之缺，建设“双一流”工科大学。面向南宁产业发展的需要及广西万亿元、千亿元产业的人才需求，在南宁建设一所特色鲜明的高水平工科类本科院校，争取在 15 年内建成全国“双一流”建设高校，服务广西未来 20 ～ 30 年的产业振兴。②用桂林之有，挖掘现有大学潜力。充分发挥桂林等地高等工科教育的优势，实施高水平工科大学建设计划，将桂林电子科技大学、桂林理工大学列入首批建设的高水平工科大学，促进重点高校转型发展，引导高校调整学科专业结构、聚焦发展 2 ～ 3 个一流工学学科、推动多学科交叉融合、创新教育教学模式、培养跨学科人才、拓展开放协作，快速提升办学能力和水平，争取利用 5 年左右的时间，打造 2 ～ 3 个全国“双一流”建设工学学科。③强柳州之特，引领现代产业学院升级发展。整合自治区、所在设区市、主办高校及重点企业等各类社会主体的资源，加速推进广西科技大学智能车辆（制造）与新能源汽车产业学院的建设与升级，采取“省市校企”共建模式重点建设一批现代产业学院，争取 3 年内再催生 4 ～ 5 所教育部认定的现代产业学院。④兴沿海之需，打造向海产业人才高地。充分发挥沿海优势，加强涉海学科专业建设，加大涉海学科硕士点、博士点布局，推动北部湾大学、广西大学等高校的海洋学院不断加强学科专业建设，支持其他涉海学科高校建设示范性现代产业学院。

10.2.8　加强产业、教育、智库融合发展领域的专业人才队伍建设

针对当前广西不仅缺乏产业、教育、智库三个方面的人才，更缺乏三

者融合发展的领导型、骨干型和后备人才的状况，充分发挥高校人才培养、科研院所科学研究和企业人才应用场景优势，形成协同育人合力。①共同搭建高规格科研育人平台。支持高校结合科学研究、人才培养和产业发展需要，联合区内外科研院所，共建科教融合中心，从组织结构和治理方式上实现科教融合落地扎根，形成高效的科教资源整合和共享机制，打造校所一体化培养体系。鼓励高校与科研院所开放共享科研平台，将优质科研资源转化为育人资源，将科研设施转化为教学创新平台，提升研究生科研实践条件。②建设面向东盟的产教融合型人才培育载体。在应用型本科院校和高职院校建设中国 - 东盟技术创新学院，培养高层次、双语通的本科应用技术人才，服务中企驻外技术人才需求。在海外建设中国 - 东盟现代工匠学院，培养双语专科层次应用技术人才，发挥海外办学优势，对外培养专业技术人才和劳务人员，推动中国职业教育标准落地见效。在部分东盟国家联合企业建设服务中资企业海外应用技术研发基地，在东盟国家人才集聚地设置“技术技能人才飞地”，就地吸引东盟国家高水平技术人才。③强化产业教育智库融合发展领域青年和后备人才队伍建设。积极选派优秀高校青年导师到科研院所访学研修，纳入科研院所科研团队管理，提升青年导师科研和指导研究生的能力；从高校院所选派青年人才去企业挂职，发挥青年人才在推进高校、科研院所和企业产学研协同创新方面的桥梁和纽带作用，推动高校、科研院所科技成果向现实生产力快速转化，同时培育一批产业教育智库融合发展领域青年和后备人才；依托科研院所海外合作机构平台，遴选青年导师到国外进修学习，加强国际交流合作，拓宽青年和后备人才的国际视野。

10.2.9 建立产业、教育、智库“三位一体”融合发展工作协调机制

通过建立健全产业、教育、智库“三位一体”融合发展的组织机构和工作机制，着力解决产业、教育、智库融合发展的深度不够、合力不足等问题。①从自治区层面建立产业、教育、智库“三位一体”融合发展领导小组。建立由自治区领导任组长，产业、教育和智库相关部门负责人任副组长的专项领导小组，负责统筹推进自治区产业、教育、智库“三位一体”融合发展改革部署工作任务。各市、县（市、区）加强对产业、教育、智

库综合改革的统筹领导，科学制定符合本地实际的发展目标和具体政策措施，将产业、教育、智库综合改革的总体部署落实到本地规划和政策中。②建立由有关行业主管部门共同参与的工作协调机制。建立由发展改革、教育、科技、工业和信息化、财政、人力资源和社会保障等部门密切配合，有关行业主管部门积极参与、良性互动的协作机制，强化沟通交流，推动产业、教育、智库“三位一体”融合发展工作落地落实见效。③建立深化产业、教育、智库“三位一体”融合督查机制。制定考核标准，加大督促检查力度，组织实施对“三位一体”融合发展的评价工作，将产业、教育、智库融合发展的相关政策、文件和制度有机纳入评价体系之中，作为检验地方政府在推进产教融合、培养创新创业人才和开展智库建设等方面所采取的具体措施及取得效果的标准。

参考文献

包信和，2023. 中国特色世界一流大学建设是教育、科技、人才一体化部署的有效实践：以中国科学技术大学为例[J]. 中国科学院院刊，38（5）：676-684.

蔡秀军，2023. 高水平大学要打造教育、科技、人才一体推进的战略基地[J]. 中国高等教育（5）：14-17，48.

董自程，2023. 教育支撑教育、科技、人才一体化发展的价值逻辑和可为空间[J]. 教育评论（1）：10-17.

段从宇，胡礼群，张逸闲，2023. 中国式现代化进程中教育、科技、人才三者关系的科学识辨与正确处理[J]. 教育科学，39（2）：48-55.

罗哲，于洋，陈佩尧，2023. 中国式现代化推进中“教育、科技、人才”三位一体战略布局的系统认识与深度解析[J]. 教育科学论坛（20）：3-8.

唐家莉，2023.以教劳结合促进教育、科技、人才一体化[J]. 教育评论（1）：18-23

扎西，曲姿璇，2023. 中国式现代化与教育、科技、人才三者内在逻辑关系及其在西藏的实践[J]. 西藏教育（5）：3-7.

张换兆，2023. 贯彻落实专章部署教育、科技、人才工作的重大战略意义[J]. 科技中国（5）：6-10.

张晶，陈雨凡，2023. 教育、科技、人才一体化视域下培养创新型时代新人[J]. 教育评论（2）：7-13.

张正清，孙华丰，2023. 教育发展、科技创新、人才培养一体推进的价值维度[J]. 北京航空航天大学学报（社会科学版），36（03）：20-26.

郑金洲，2023. 教育、科技、人才一体化发展：内在逻辑与困境突破[J]. 南京师大学报（社会科学版）（3）：5-15.